中华文化风采录

《古老历史遗

珍贵的文物

周丽霞◎编著

北方妇女儿童出版社

·长春·

图书在版编目（CIP）数据

珍贵的文物 / 周丽霞编著. -- 长春 ： 北方妇女
儿童出版社， 2017.5（2022.8重印）
（古老历史遗产）
ISBN 978-7-5585-2013-6

Ⅰ．①珍… Ⅱ．①周… Ⅲ．①陵墓－介绍－中国－古
代 Ⅳ．①K928.76

中国版本图书馆CIP数据核字（2017）第315993号

珍贵的文物
ZHENGUI DE WENWU

出 版 人	师晓晖	
责任编辑	吴　桐	
开　　本	700mm×1000mm　1/16	
印　　张	6	
字　　数	85千字	
版　　次	2017年5月第1版	
印　　次	2022年8月第3次印刷	
印　　刷	永清县晔盛亚胶印有限公司	
出　　版	北方妇女儿童出版社	
发　　行	北方妇女儿童出版社	
地　　址	长春市福祉大路5788号	
电　　话	总编办：0431-81629600	

定　　价　　36.00元

习近平总书记说："提高国家文化软实力，要努力展示中华文化独特魅力。在5000多年文明发展进程中，中华民族创造了博大精深的灿烂文化，要使中华民族最基本的文化基因与当代文化相适应，与现代社会相协调，以人们喜闻乐见、具有广泛参与性的方式推广开来，把跨越时空、超越国度、富有永恒魅力、具有当代价值的文化精神弘扬起来，把继承传统优秀文化又弘扬时代精神、立足本国又面向世界的当代中国文化创新成果传播出去。"

为此，党和政府十分重视优秀的先进的文化建设，特别是随着经济的腾飞，提出了中国文化复兴的伟大号召。当然，要实现中华文化伟大复兴，首先要站在传统文化前沿，薪火相传，一脉相承，弘扬和发展五千多年来优秀的、光明的、先进的、科学的、文明的和自豪的文化，融合古今中外一切文化精华，构建具有中国特色的现代民族文化，向世界和未来展示中华民族具有独特魅力的文化风采。

中华文化就是居住在中国地域内的中华民族及其祖先所创造的、为中华民族世世代代所继承发展的、具有鲜明民族特色而内涵博大精深的传统优良文化，历史十分悠久，流传非常广泛，在世界上拥有巨大的影响，是世界上唯一绵延不绝而从没中断的古老文化，并始终充满了生机与活力。

浩浩历史长河，熊熊文明薪火，中华文化源远流长，滚滚黄河、滔滔长江是最直接的源头，这两大文化浪涛经过千百年冲刷洗礼和不断交流、融合以及沉淀，最终形成了求同存异、兼收并蓄的辉煌灿烂的中华文明。

中华文化曾是东方文化的摇篮，也是推动整个世界始终发展的动力。早在500年前，中华文化催生了欧洲文艺复兴运动和地理大发现。在200年前，中华文化推动了欧洲启蒙运动和现代思想。中国四大发明先后传到西方，对于促进西方工业社会发展和形成，曾起到了重要作用。中国文化最具博大性和包容性，所以世界各国都已经掀起中国文化热。

中华文化的力量，已经深深熔铸到我们的生命力、创造力和凝聚力中，是我们民族的基因。中华民族的精神，也已深深植根于绵延数千年的优秀文化传统之中，是我们的精神家园。但是，当我们为中华文化而自豪时，也要正视其在近代衰微的历史。相对于五千年的灿烂文化来说，这仅仅是短暂的低潮，是喷薄前的力量积聚。

中国文化博大精深，是中华各族人民5000多年来创造、传承下来的物质文明和精神文明的总和，其内容包罗万象，浩若星汉，具有很强的文化纵深感，蕴含丰富的宝藏。传承和弘扬优秀民族文化传统，保护民族文化遗产，已经受到社会各界重视。这不但对中华民族复兴大业具有深远意义，而且对人类文化多样性保护也是重要贡献。

特别是我国经过伟大的改革开放，已经开始崛起与复兴。但文化是立国之根，大国崛起最终体现在文化的繁荣发达上。特别是当今我国的大国和平崛起之路，必然也是我国文化实现伟大复兴的过程。随着中国文化的软实力增强，能够有力提升我们融入世界的步伐，推动我们为人类进步做出最大贡献。

为此，在有关部门和专家指导下，我们搜集整理了大量古今资料和最新研究成果，特别编撰了本套作品。主要包括传统建筑艺术、千秋圣殿奇观、历来古景风采、古老历史遗产、昔日瑰宝工艺、绝美自然风景、丰富民俗文化、美好生活品质、国粹书画魅力、浩瀚经典宝库等，充分显示了中华民族厚重的文化底蕴和强大的民族凝聚力，具有极强的系统性、广博性和规模性。

本套作品全景展现，纵横捭阖，故事讲述，语言通俗，图文并茂，形象直观，古风古雅，格调温馨，具有很强的可读性、欣赏性和知识性，能够让广大读者全面触摸和感受中国文化的内涵与魅力，增强民族自尊心和文化自豪感，并能很好地继承和弘扬中国文化，创造未来中国特色的先进民族文化，引领中华民族走向伟大复兴，在未来世界的舞台上，在中华复兴的绚丽梦乡，展现出具有龙飞凤舞的独特魅力。

传奇墓葬——江陵楚墓越王剑

辉煌古墓——高句丽墓葬壁画

神秘奇迹——贺兰山西夏王陵

江陵楚墓越王剑

在湖北省江陵县城北的纪南城，即郢都故址的周围，分布有大量楚墓，其年代大约从春秋中期至公元前278年。

江陵自古人才荟萃，名流辈出。春秋战国时，楚国鼎盛时期的政治、经济、文化中心始终在江陵。

在纪南城内及其外围发现各类楚墓2800多座，其中800余座有多重棺椁的贵族墓和小型的平民墓，内有精美遗物7000余件。

楚人在江陵的历史繁衍

　　江陵又名荆州城，位于湖北省中部偏南，地处长江中游，江汉平原西部，南临长江，北依汉水，西控巴蜀，南通湘粤，古称七省通衢。

　　江陵雨量充沛，土地肥沃，早在四五千年前的新石器时期，已普遍种植稻谷。江陵物产丰富，经济繁荣，至春秋时期，就已经是我国

荆州古城墙

■ 荆州城城门

南方最大最繁华的都会了。

江陵因"以地临江""近州无高山，所有皆陵阜"而得名。因为地理位置重要、自然条件优越而备受世人关注，历来为兵家必争之地。

江陵前身即为楚国国都"郢"，从春秋战国至五代十国，先后有34代帝王在此建都，历时515年。城池由砖城墙、土筑城垣、护城河组成。

楚国是我国历史上春秋战国时期南方重要的诸侯国，楚人是华夏族南迁的一支，最早兴起于汉江流域的丹水和淅水交汇的淅川一带，其国君为熊氏，其全盛时疆域为我国整个南方地区。

楚人的先祖出自颛顼帝高阳氏。高阳为黄帝之孙，昌意之子。颛顼帝后第五代吴回，是帝高辛氏的火正官，相传主管天火与地火，能光融天下，帝喾命名为祝融。

吴回之子陆终，生有6子，幼子叫季连，芈姓，是楚人的先祖。季连之后叫鬻熊，他是周文王的老

传奇墓葬

江陵楚墓越王剑

春秋战国 公元前770年至前221年，这时周室开始衰微，只保有天下共主的名义，而无实际的控制能力。而一些边远民族在中原文化的影响或民族融合的基础上很快赶了上来。中原各大国间争夺霸主的局面出现了，各国的兼并与争霸促成了各个地区的统一。

珍贵的文物

■ 城墙上的楼阁

师，其曾孙熊绎，以王父字为氏，称熊姓。

周成王分封先王功臣时，封熊绎为楚地的子爵，于丹淅之地建立了楚国。

春秋战国时期，楚国一度强大起来，一路南征，灭掉了随国，迫使随侯投降。熊通因此在前704年自称为王，一路向南征伐江汉地区那些大小诸侯国，最终成为了南方的霸主。

公元前689年，楚文王继位后"始都郢"，建城于纪山之南，故名纪南城。楚国崛起于江汉地域，其城市也首先兴起于此。

随着楚国的强盛及向外的扩张，楚国城市也向四周扩展。这些城市成为楚文化远播的桥梁，楚国政治统治的工具，经济文化发展的枢纽，军事扩张的基地，抵御外侵的堡垒。这些城市的兴衰史也是楚文化的兴衰史。

楚国的城市见于文献记载的不下200座，是诸侯列国中城市最多的国家。楚城是楚国的一个重要组成部分，是楚国历史文化的具体体现。

公元前223年楚被灭于秦国。在浩瀚历史长河中，楚国先人用自己的勤劳与智慧创造出了无数令世人瞩目的灿烂楚文化。

荆州古城地处连东西贯南北的交通要塞，历来均

春秋五霸 春秋时期指从公元前770年至前476年，在这290多年间，社会风雷激荡，烽烟四起，战火连天。初期诸侯列国140多个，经过连年兼并，到后来只剩较大的几个。一些强大的诸侯国争做霸主。《史记》称先后称霸的齐桓公、宋襄公、晋文公、秦穆公和楚庄王为"春秋五霸"。

为兵家必争之地，荆州城屡毁屡建，现在的荆州古城最后一次修建是在清朝顺治年间，依原址而建，保存至今，是我国南方不可多得的完整古城。

春秋五霸、战国七雄，楚国均居其一。国力最强盛的时候，楚国领土几乎涵盖了半个中国。

自公元前689年楚文王迁徙到郢都，至公元前278年秦将白起攻克郢都，历时412年，郢都一直是楚国政治、经济、文化中心所在，也是当时南方最大的都会。当时的繁荣景象为"车毂击，人肩摩，市路相排突，号为朝衣鲜而暮衣蔽也"。

江陵城是楚文化的发祥地之一。秦灭楚后，成为历代封王置府的重镇。江陵城也是著名的三国时期古战场，历史上"刘备借荆州""关羽大意失荆州"等脍炙人口的三国故事都发生在这里。

传说三国蜀将关云长镇守荆州，忽遇9位仙女下凡。传王母娘娘旨意，说荆州刀兵动得太多，要收回

战国七雄 指我国历史上战国时期7个最强的诸侯国的统称。春秋时期无数次战争使诸侯国的数量大大减少，公元前475年至公元前221年的战国时期，实力最强的7个诸侯国分别为齐、楚、秦、燕、赵、魏和韩，这7个国家被称作"战国七雄"。

■ 荆州古城墙一角

■古城墙

置于神地，不准凡人争夺。

关公忠于其兄不让荆州，于是想了一个计策，对仙女说："你们在西北，我在东南，各筑一城，城周五千步，天黑始，鸡鸣止，谁先筑好，谁就管理这个地方。"

九仙女用衣裙兜土，关公伐芦苇筑城。关公城就，九仙女城差一隅，鸡尚未鸣。关公振动鸡笼芦席，公鸡啼鸣，九仙女羞愧地上天去了。这就是现在荆州城北门外九女冢的来历。

珍贵的文物

阅读链接

战国后期，在秦国日益富强的同时，楚国却走向衰落。公元前278年，秦将白起率大军先后攻入鄢郢与纪郢，尽毁都城，史称"白起拔郢"，楚顷襄王只得北逃城阳。

楚在纪南城建都近400年，西汉初曾在此封有两代临江王，但为时不长。

江陵建都的第二个高潮始自东晋，终于南北朝，先后有晋安帝、齐和帝、梁孝元帝短期移都于此，这几个朝代领域广大，江陵成为当时我国南方仅次于今南京的第二政治中心。

公元前554年，西魏破江陵城，梁孝元帝自焚，江陵又遭受一次浩劫。

江陵楚墓的丰富遗物

　　在我国北方，由于气候、土质、水位和埋葬方法等因素，墓葬的棺椁及部分有纤维质的随葬品，都保存不佳甚至没有保存下来。但是，江陵楚墓却完整地保存了下来。

　　江陵楚墓完整地保存着大量青铜器、陶器、竹简、帛书、帛画等。楚墓随葬品类齐全，很多青铜器上的铭文甚至清晰可见，有的陶器连封泥、印章也有留存。一些漆木、竹器、丝麻织品等则仅见于楚墓。

　　江陵楚墓中的青铜器占遗物总量的30％左右，器类涵盖了楚国时青铜器的大部分，不仅反映了该墓葬的等级和

楚墓出土的青铜器皿

夔龙纹 我国古代钟鼎彝器等物上所雕刻的夔龙形纹饰。也称夔纹。夔龙又称角龙，是我国古代传说中的一种奇异动物，似龙而仅有一足。夔纹始流行于商、西周青铜器及玉器上，商代的白陶因造型和纹饰均模仿当时的青铜器，因此也有印夔纹装饰的。

■ 楚墓内镂空凤纹铜镜

葬俗，更体现了楚国精湛的铸造工艺和灿烂的文化特色。

在江陵楚墓当中，青铜礼器多出自于中等以上的贵族墓，主要有鼎、敦、尊、盏、壶、缶、盥缶、杯、盘等。

青铜龙纹镂空杯发现于江陵九店东周墓，口径0.122米，底径0.103米，通高0.147米，重0.77千克。整件器物呈上大下小的圆筒状，口微侈，斜直壁，外底有三兽蹄足内侧有凸榫，圆形镂空平底置于器内凸榫上。杯外壁上下分别饰以错银装饰的带形二方连续勾连夔龙纹。

镂空杯中部由6组对称的镂孔夔龙纹图案组成，每组对称排列，龙头相对，身体蜷曲，姿态生动，其上铸有细密的三角卷云纹和鳞片纹。

镂空凤纹铜镜直径0.11米，整镜构图精巧，形象

生动。镜面与镜背是用两种合金成分不同的青铜分铸，再合为一镜。背面为"三弦钮"，圆形钮座，斜边，窄平缘。镜背自然分为4区，每区各饰一组对称镂空凤纹图案，每组两凤躯体呈蜷曲形，曲线自然、柔和。

镂空凤纹铜镜以圆形小镜钮为中心，按十字将文饰分为4个单元。每个单元由一对头相对、身体弯曲、尾部向外翻卷的凤鸟组成。

■ 勾云纹龙首带钩

每两只凤鸟之间的中部和尾部又以卷云纹相连，使整个画面浑然一体、构图匀称。因为是镂雕，故立体感特别强烈，有极强的艺术感染力。

镂空凤纹铜镜高冠回首，体态活泼，两凤之间颈、翅相连，成双成对翩然飞舞。凤身饰有精美的羽毛纹饰。

带钩是束腰带上的钩扣。在楚国的贵族们看来，带钩不仅仅是服装的饰物，也是身份和地位的象征。江陵望山1号墓中有一件带钩，弧长0.462米，宽0.065米，如此大的带钩，在先秦诸国的带钩中可算是绝无仅有的。

在江陵楚墓中还发现一架大型青铜编钟组合。大多数纽钟集中堆放在东室的南部，镈钟则按大小有序

镈钟 我国古代一种大型单体打击乐器，青铜制。形制如编钟，只是口缘平，器形巨大，有钮、可单独悬挂在钟悬上，又称"特钟"。始见于殷末，盛行于东周。史籍记载，它应当是用来指挥乐队、控制整体节奏的乐器。贵族在宴飨或祭祀时，常将它同编钟、编磬相配相和，以槌叩之而鸣。

■ 春秋战国时期楚墓陪葬木俑

镇墓兽 我国古代墓葬中常见的一种怪兽，有兽面、人面、鹿角，是为镇慑鬼怪、保护死者灵魂不受侵扰而设置的一种冥器。《周礼》记载说，有一种怪物叫魍象，好吃死人肝脑；又有一种神兽叫方相氏，有驱逐魍象的本领，所以家人常令方相氏立于墓侧，以防怪物的侵扰。

地直接放置于椁室底板之上，另有几件小型纽钟悬挂于钟架横梁上。

东周时期，随着楚文化的崛起，雕塑艺术异彩纷呈，不仅出现了大量装饰性艺术精品，而且出现了镇墓兽、虎座立凤、木俑等大批专门性雕塑物品。

江陵楚墓中的虎座立凤，又称虎座飞鸟、虎座鹿角鸟，是楚文化具有标志性的物品。圆雕施彩，多为木质，也有少量的陶胎，以伏虎为底座，昂首展翅的凤鸟立于虎背，凤背插一对麋鹿角，雄奇神妙。关于它的意义，有山神、引魂升天神之说，也有说是凤神飞天的。

楚墓中的人物雕塑主要有木俑、人形器座及小型佩饰等。以雕塑的人俑代替活人殉葬在东周时代比较普遍。而中原诸国则多为陶俑，楚国的木俑自有其特色。

荆楚木俑多出自贵族楚墓，有侍俑、乐俑、炊厨俑和武士俑。多整木雕塑，有的为榫卯结构。

立俑一般高度在0.5米上下，跪坐俑高度在0.3米左右，俑的形象多为平顶、瓜子脸，有的加丝质假发或用真人头发。圆雕彩绘，有的着衣佩饰，还有的身上书有文字。

江陵武昌"义地6号"楚墓的一对木雕彩绘侍俑，木俑正面各绘有两串长长的佩饰，对称地分列左右。木俑高0.566米，头与身为整木雕塑，足部以榫卯结构另外安装。一件双手是交叠胸前，另一件双手是安装上去的，作捧物状，长颈细腰，体态秀雅。

着衣俑以江陵"马山1号"楚墓的彩色着衣木俑最佳。共有4件，高矮、大小、体态、容貌、服饰等基本相同。

其中一件女性木俑，身高0.596米，身上的绢衣保存最好，整木圆雕，无手脚，面、颈绘肉红色，乌发后梳，双唇朱绘，眼睛传神，身着曲裾锦绣绢袍，细腰束带，袍裙曳地，色彩鲜艳。

还有一件持剑武士木俑，身着小袖短衣，衣长及膝，裹腿，威武雄壮。

楚人崇鹿，战国时代流行鹿角饰和木雕鹿。如镇

榫卯结构 我国古建筑以木材、砖瓦为主要建筑材料，以木构架结构为主要结构方式，由立柱、横梁、顺檩等主要构件建造而成，各个构件之间的结点以榫卯相吻合，构成富有弹性的框架。榫卯构件连接方式，不但可以承受较大的荷载，而且在地震发生时，允许一定的变形。

■ 楚墓中的木雕彩绘侍俑

墓兽、虎座立凤，大多插有麋鹿角，许多器物也绘饰鹿纹，而且独立的木雕鹿数量也较多。

江陵马山楚墓的木雕彩绘带鼓卧鹿或卧鹿鼓，身长0.33米，通高0.28米，作侧卧状，四足内蜷，头插双鹿角，向左侧视，全身饰梅花斑纹。后背立一小木鼓，鼓径0.04米，厚0.03米。这是一种造型奇特的乐器。

我国最早的根雕作品发现在荆楚。江陵"马山1号"楚墓发现根雕辟邪一件，依据树根自然成形，圆雕彩绘，整体为一长形弯曲的龙形，全长0.69米，高0.31米~0.4米，圆身，高足，卷尾龙首，目、耳、鼻、嘴、须、齿俱全，面目狰狞。

在漆木雕塑艺术品中，荆楚彩绘动物座屏别具一格。在众多的彩绘木雕座屏中，以江陵"望山1号"楚墓的彩绘动物雕屏最有代表性。

该雕屏长0.518米，宽0.12米，高0.15米，雕屏四周为长方形彩绘框架。雕屏底座中部悬空，两端着地，宽实厚重。整个座屏是凤、鸟、鹿、蛙与蛇搏斗场面。

屏座水域是蛇的天下，有二鸟为蛇所困败。屏内偏下，蛇吞蛙咬鹿，鹿双双奔腾，两

■ 曾侯乙墓铜鹿角立鹤

组凤鸟奋起啄蛇。

底座与屏内内容相连，融为一体，造型复杂，井然有序，50多个动物生死搏斗，场面极为壮观，充满了神奇浪漫的色彩。

楚人生活在一个漆

器的王国中，生时使用的日常生活实用器具和娱乐用品多是漆品，死后丧葬用品也多为漆品。

我国发现最早的夹苎胎漆器实物出自楚墓之中，有一件彩绘漆盘，为夹苎胎漆器，器内外均黑地朱绘各种云纹和凤鸟等花纹图案。

江陵望山楚墓的彩绘漆鞘，是一件十分轻巧的夹苎胎漆器，漆鞘全身裸黑漆，朱绘花纹，在鞘的一端绘有云纹和凤纹。

此外，还有皮胎、竹胎、金属胎、陶胎以及丝麻织品髹漆物等。

楚国的竹胎漆器以竹编织物最为精致，是楚人的日常生活用品之一。楚国的竹编织物在许多楚墓中都有发现，其中髹漆竹器有竹扇、

珍贵的文物

■ 九连墩楚墓群出土的漆器

座屏 指带有底座而不能折叠的屏风。古时常用它作为主要座位后的屏障，借以显示其高贵和尊严。后来人多设在室内的入口处，尤其是室内空间较大的建筑物内，进门常用大型的座屏作陈设，起遮掩视线的作用，也即现代所称的地屏。有木制座屏、瓷板座屏、竹制座屏和藤制座屏。

小型竹笥、圆竹筒等。

其中，竹扇制作精细，保存完好，色泽如新，扇面呈梯形，经篾红色，纬篾黑色，用三经一纬的细篾编织而成。

楚国漆器中，彩绘漆器占有相当大的比重。如雨台山楚墓有272个漆耳杯，没有纹饰的素面耳杯只是少数，绝大多数是彩绘耳杯，耳杯上的纹饰颜色有金、黄、红等。

江陵望山楚墓的耳杯上有白色的花纹，彩绘木雕座屏上的彩绘花纹色有红、绿、金、银等多种，其中绿色甚为鲜明。

雨台山楚墓中的漆器以黑、红漆为地色，一般在器表髹黑漆，器内髹红漆。表明当时楚国的漆工艺中，已经采用了多种颜色的色漆。要获得有色漆，必须与植物油配合使用。

楚漆器反映的主要对象不外乎自然与神怪。楚人崇尚自然，对自然界生命的运动、自然界的万物和谐都具有强烈的赞美之情。

因此，楚国艺术家通过雕塑造型的手段逼真传神地摹写自然界的生灵，大至鹿、虎，小至蛇、蛙都是他们表现的对象。这些形象以形写神，栩栩如生。

楚人是相信天地万物皆有神存在的泛神论者，因而神灵也成为他们造型艺术形象的主要对象。他们的神的形象是对自然生灵的另一种方式的表现。

装饰性的纹饰多为龙凤纹和云雷纹，龙凤是楚艺术的母体。楚漆器上的凤纹变化多端，具有高度的抽象性。有些凤纹甚至有符号化了的凤头或凤尾纹。

在楚漆器的装饰中，云雷纹占有重要地位。楚漆器上的云雷纹舒云漫卷、灵活自如。江陵雨台山楚墓有彩绘云雷纹木梳和彩绘云雷纹蛇。

楚漆器上的漆绘内容客观反映了当时楚国的宗教

云雷纹 是我国古代青铜器上一种典型的纹饰。最基本特征是以连续的"回"字形线条所构成。有的作圆形的连续构图，单称为"云纹"；有的作方形的连续构图，单称为"雷纹"。云雷纹常作为青铜器上纹饰的地纹，用以烘托主题纹饰。也有单独出现在器物的颈部或足部的。

■ 古青铜器上的云雷纹

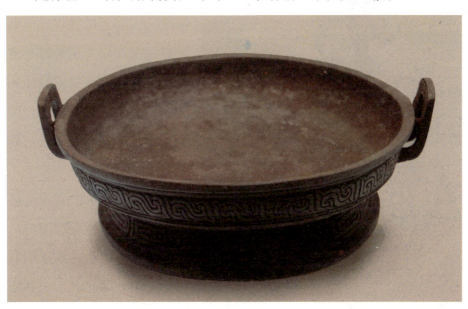

生活与社会生活。如信阳"长台关1号"墓中的彩绘瑟上的巫师图、燕乐图、狩猎图等。

在江陵"天星观2号"楚墓当中，漆木器多为常见的器形，但也有数件新器形。其中一件叫"羽人"的漆器颇有特色。

这件羽人漆器是楚墓中的唯一发现。它通高0.655米，人高0.336米，翅展0.34米，由蟾蜍状器座、凤鸟和羽人三部分组成，蟾蜍匍卧，羽人上身外裸，体型肥胖，人面鸟喙，鸟爪形足踏于凤鸟之上，凤鸟为展翅飞翔状。

全漆器通体黑漆为底，用朱红、黄、蓝等色绘制花纹。此器是一件构思奇特、想象丰富的罕见漆器艺术品。

这件器物反映的可能是楚人与凤鸟的亲密关系，该器物是人和凤鸟彼此转型的造像，人们可以转化成凤鸟或通过凤鸟而飞至天界，也可能是巫师进行祭祀时使用的法器，或者是楚人心目中女娲的形象，或者是三苗后裔雕刻的驩头神像。

江陵楚墓中常有丝织品发现，而且往往保存完好。江陵"马山1号"楚墓中有各类衣物35件，其中有刺绣

■ 楚墓内的羽人漆器

的衣物有21件。这些衣物由8个品种的丝织物制成，另在4件竹笥中装有12个品种的452片丝织物碎片。

其中，有裹尸的衣着15件，丝衾4床。其他包括绣、锦、罗、纱、绢、绦等多种品种，质地精良，保存完好。

衣被上用朱红、绛红、茄紫、深赭、浅绿、茶褐、金黄、棕黄等色彩的丝线绣出或织出对称的蟠龙、凤鸟、神兽、舞人等与几何纹相间的各种图案，色彩柔和，显示出楚国纺织业已达到相当高的工艺水平。

最能反映当时丝织技术水平的织物是锦。锦是一种经线提花织物，在古代要具有高级身份的人才能穿戴锦衣、锦衾和锦帽。

锦的提花技术是相当复杂的。花纹越大，技术也越复杂。楚墓中有大量彩锦，江陵"马山1号"墓的锦最多，不同花纹的就有10余种，充分说明当时已有了先进的提花织机和熟练的织造技术。

楚国丝织品的色彩，以红色、棕色为主，这与楚人崇尚火的风俗相一致。仅江陵"马山1号"墓的丝织品的色彩，就有深红、朱红、橘红、红棕、深棕、棕、金黄、土黄、灰黄、绿黄、钴蓝、紫红、灰白、深褐、黑等。

■ 真丝织锦大褂

竹笥 是用以盛放衣物书籍等的竹制盛器。形状如同我们常见的长方形小箱。凡鲜干食物、日常用品，乃至衣着巾饰等都可以盛放。笥多以竹篾、藤皮、苇皮编制，也兼用荆条。制作有精有粗，或髹漆或素面。讲究的笥，还用夹纻胎，外髹漆彩绘，内衬绫罗为里。一般人家都为粗篾编制，杂放什物。

■ 马山楚墓出土的服装

■ 楚墓内的车马坑遗址

"马山1号"楚墓中的一件绦带上的田猎纹是一个完全写实的纹样，描写的是贵族进行田猎活动的场面。田猎纹绦用棕色、土黄、钴蓝色相间织出两人驭车追逐猎物、奔鹿仓皇逃命、武士执剑与盾搏兽等戏剧性的生活场景。

另一件具有代表性的编织纹丝织品是"马山1号"墓的动物舞人纹锦，花纹由7组不同的动物和舞人构成，其中长袖飘拂的歌舞人物、长尾曳地的峨冠凤鸟，以及两组姿态不同的爬行龙，都显得意趣盎然。

此外，江陵"马山1号"墓还发现许多保存完好的刺绣品，刺绣题材以动物、植物为主，而动物中又以龙、凤为主，刺绣品花纹有10多种。包括蟠龙飞凤纹绣、舞凤舞龙纹绣、花卉蟠龙纹绣、一凤二龙蟠纹绣、一凤三龙蟠纹绣、凤鸟纹绣、凤鸟践蛇纹绣、舞

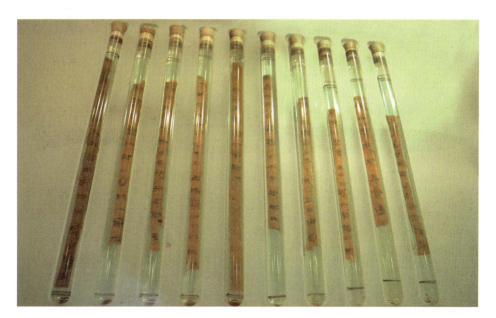

凤逐龙纹绣、花卉飞凤纹绣、凤龙虎纹绣、三首凤鸟纹绣、花冠舞凤纹绣、衔花凤鸟纹绣、凤鸟花卉纹绣等。

在龙、凤纹绣主题之外，有的纹样还有虎。动物纹样伴以花草、枝蔓，或为纹样的有机组成部分，或作为纹样的间隔、填充，表现了自然界的生机与和谐。

在江陵九店楚墓104号墓北3.7米处，有车马坑一座。车马坑与104号墓处于南北向的中轴线上，当为其陪葬坑，坑内葬车两辆，马4匹。

坑为长方形竖穴土坑，方向正南北。车辕、马头向北。坑长5.9米，宽3.9米，深0.8米。

坑底挖有半圆形轮槽4个，放置车轮。车位是木制的，髹褐色漆，均已朽，只存痕迹。其中2号车痕保存较好，剔剥后结构较为清楚，车为单辕两轮。

■ 竹简 指战国至魏晋时代的书写材料。是削制成的狭长竹片或者木片，竹片称简，木片称札或牍，统称为简，现在一般说竹简。均用毛笔墨书。册的长度，如写诏书律令的长约67.5厘米，抄写经书的长约56厘米，民间写书信的长约23厘米。竹简多用竹片制成，每片写字一行，将一篇文章的所有竹片编联起来，称为"简牍"。它与甲骨文、敦煌遗书、明清档案一同被列为21世纪东方文明的四大发现。

■ 楚墓中的青铜剑

卜筮 指我国古代
用龟甲、筮草等
工具预测某些事
项，不同的时代
使用的方法有不
同，历代也有创
新，是利用一些
无生命的自然物
呈现出来的形状
来预卜吉凶。古
人认为，经过神
圣的求卜过程，
那些自然物也就
获得了神圣的象
征意义，它们呈
现出来的形状不
是人为的结果，
而是神灵和上苍
的赋予，是神灵
的启示或告诫。

在江陵九店楚墓中，有5座楚墓共发现竹简约700枚，其内容一般为遣策、祷辞或卜筮记录之类。竹简经破竹修削而成，黑褐色。

"九店56号"墓中的竹简近于云梦秦简中的《日书》，主要为选择吉凶日之类的记载。这批楚简的发现说明选择时日吉凶的书籍早在战国时期的楚国就已经流行了。

在江陵天星观楚墓也发现了很有价值的铭文以及大量的竹简。简文共计450字，字迹大部分清晰，多次记录为"邸阳君番乘力"，而且全部简文内容没有出现一处是为他人占卜的。

楚国历法以大事记年，秦客公孙鞅使楚，是楚国这一年中外交活动的重大事件。简文中"秦客公孙鞅"的年代应是商鞅在秦受封之前，即公元前361年至公元前340年。

此外，结合墓中的竹简和随葬器物推测。墓主人生前可能是一位武官，爵位当为上卿，官职在令尹、上柱国之列。

在江陵楚墓当中，尤以青铜兵器品种全，制作精致，常见的有剑、戈、矛、戟、镞等，以剑为最多，凡成年男性几乎都用剑随葬，贵族墓中随葬铜剑尤多，如"天星观1号"墓随葬铜剑达32件。

许多重要的吴越兵器相继出于楚墓，是列国争霸的重要反映。佩剑在各阶层之广，是他国无法比拟的，体现了楚人的尚武精神。

江陵的一般楚墓中都有兵器，其中尤以青铜剑为最多，占随葬荆州兵器总数的35%左右。其中，有20多座小墓，其他随葬品一无所有，唯独都随葬一把青铜剑。

江陵张家山楚墓最出名的是勾践之子所用的"越王鹿郢剑"和"越王勾践剑"，它们被并称为"越剑双绝"。

商鞅（？—前338），我国战国时代政治家、改革家、思想家，法家代表人物。卫国国君的后裔，姬姓公孙氏，故又称卫鞅、公孙鞅。后因在河西之战中立功获封于商十五邑，号为商君，故称之为商鞅。商鞅通过变法改革将秦国改造成富裕强大之国，史称"商鞅变法"。

阅读链接

1999年秋冬季节，江汉平原久旱无雨，造成长湖在2000年的初春出现了几十年少见的下降水位，原来波涛浩渺的长湖显露出一个个滩涂。

一天傍晚，北风呼啸，寒气袭人。天星观村一组的吴于福来到长湖岸边放鸭子，忽然看见一伙人鬼鬼祟祟。吴老汉心生疑虑，大喊一声："你们想干什么？"

那伙人见有人，立即溜掉。

第二天一早，吴老汉迅速将情况报告给村主任张永福，张永福又立即向文物主管部门报告。荆州博物馆的考古专家赶到现场，果然发现一个刚刚被盗掘过的大型古墓葬。考古工作者立即对古墓进行了抢救性发掘。因为这里距"天星观1号墓"不远，所以被编号为"天星观2号墓"。

扬名千古的越王剑

越王剑是越王勾践请铸剑名师经历数年精心铸造出来的。据《吴越春秋》和《越绝书》记载，越王勾践曾特请龙泉宝剑铸剑师欧冶子铸造了5把名贵的宝剑，这5把越王剑，都是削铁如泥的稀世珍品。

关于越王铸剑及越王剑在后世的传奇，有许多美丽的传说故事。

剑是兵器，然而在我国传统文化中，这冰冷嗜血的凶器，慢慢地经过文化之手的不断摩挲，竟然成了一样看上去很美的文化吉祥物，

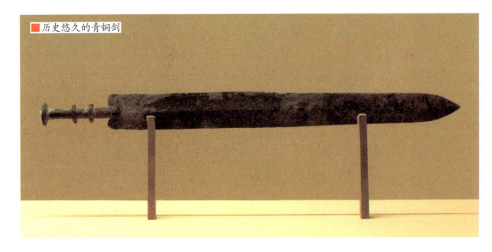

历史悠久的青铜剑

洋溢着一种类似浪漫的温柔。中国人说起剑来，丝毫不为其原始的兵器功能所影响。

■ 青铜剑

剑在我国的历史可追溯至商周，在我国历史和文化中，被赋予极高的地位，所谓王者剑、君子器。剑贯穿了几乎整个我国历史，君王赏赐、壮士互赠、美人定情，宣示权力、张扬誓约、铭表信义。

我国历史上有种种神奇的铸剑故事。如干将莫邪铸剑，出自我国古代神话故事集《搜神记》，属于小说家言。但是，类似这种传说，将剑化之以文，就成了剑文化。其文化，借助剑之传说，宣扬的是剑之外的东西。

公元前6世纪中叶，当中原各国动荡之际，南方的楚、吴、越之间也开始了激烈的征战，一度形成三国鼎立的局面。

吴楚两国争霸之际，与吴国相邻的越国也不甘寂寞，乘吴忙于攻楚之际，经常袭击吴国。

公元前496年，伐楚获胜回国的吴王阖闾趁越王

《搜神记》是我国古代一部记录民间传说中神奇怪异故事的小说集，作者是东晋的史学家干宝。它是集我国古代神话传说之大成的著作，收集了古代的神异故事共400多篇，开创了我国古代神话小说的先河。故事大多篇幅短小，情节简单，设想奇幻，极富浪漫主义色彩。

珍贵的文物

■ 战国时期的青铜剑

夫差 又称吴王夫差，姬夫差，春秋吴国末代国君，阖闾之子，公元前495年—前473年在位。公元前494年在夫椒大败越国，攻破越都，使越屈服。此后，又在艾陵打败齐国。夫差释放了越王勾践，又沉迷于骄奢淫欲的生活，而越王勾践发愤图强，最后战胜了吴国。

允常新丧，王子勾践即位，国势未稳之际，大举兴兵伐越。年轻的越王勾践用奇谋大败吴师，吴王阖闾负伤而死。

公元前494年，吴越大地又发生了一场惨烈的大战，吴王阖闾之子夫差一举击溃了越王勾践。越王勾践沦为吴王夫差的仆役。在饱尝失国的屈辱中，勾践在苦苦地寻找一个人和一把剑。

勾践听说，有个叫欧冶子的人能铸造削金断玉的神奇利剑。

欧冶子在越国诞生时，正值东周列国纷争，楚国先后吞并了长江以南45国。越国就成了楚灵王的属国。

少年时代，欧冶子从舅舅那里学会了冶金技术，开始冶铸青铜剑和铁锄、铁斧等生产工具。他肯动脑筋，具有非凡的智慧。欧冶子身体强健，能刻苦耐劳。他发现了铜和铁性能的不同之处，冶铸出了第一把铁剑"龙渊"，开创了我国的冷兵器之先河。

以短胜长的目的诉求，必然导致短之精良锋利，于是，当中原地区还是青铜器为主要武器材质的时候，在百越的群山之中，生存安全的压迫，激发了他们的聪明才智和毅力决心，越人终于发现了精良的冶炼铸造技术，铁兵器开始出现了。而此铁兵器，一开始就是合金的兵器。

于是越王勾践请来欧冶子，他不但为勾践铸造了湛卢、纯钧、胜邪、巨阙和鱼肠5把名贵宝剑，还向越国传授了铸剑技术。而这把越王勾践剑，无疑是出自欧冶子之手。

凡是传统手工业发达的地区，传统的农耕必然是土地资源等匮乏、农业生产水平和产量不高的地区。浙江龙泉，这个浙南小城就是典型的例子。

当时，由于农耕养活不了人，于是，人们便寻找

龙泉 位于浙江省的西南部，东临浙江温州，西接福建省武夷山，素有"瓯婺入闽通衢""驿马要道，商旅咽喉"之称。境内层峦叠嶂，溪流纵横。龙泉宝剑创始于春秋战国时期，其剑以"坚韧锋利、刚柔并寓、寒光逼人和纹饰巧致"四大特色而成为剑中之魁，闻名天下。

■ 出土文物青铜剑

别的活路，瓯江两岸的山里、甚至瓯江河床里居然都是含铁的矿石。这里更是群山环抱，柴薪取之不尽，瓯江水恰好用来淬火。

神奇的是连周围的山上都有天然的上好的磨刀石。于是龙泉迎来了越国的欧冶子！

当时人们用天上坠落的陨石制作剑的刃部。因为陨石中所含的铁质远比青铜坚硬，但这种陨铁非常稀少。后来，欧冶子终于找到了陨铁的替代物，为越王铸造了坚兵利器。

而且，相传在那个时候，许多人认为铁是一种低俗的材料，会带来厄运，因此有恶金之称，一般只用来铸造农具。王所用的配剑自然也就不会是铁剑，当是合金所制。

《千字文》中说："剑号巨阙，珠称夜光。"撰写《千字文》的周兴嗣受制于1000个散字，只能

■《千字文》为南朝周兴嗣撰，它的撰作相传还有一段故事：原来是当年梁武帝令殷铁石在王羲之书写的碑文中拓下不重复的1000个字，供皇子们学书用的。但由于字字孤立，互不联属，所以他又召来周兴嗣嘱道："卿有才思，为我韵之。"周兴嗣只用了一个晚上就编好进呈武帝。这便是传至今日的《千字文》。《千字文》精思巧构，知识丰赡，音韵谐美，宜蒙童记诵，故成为千百年蒙学教科书。

■ 出土文物

举巨阙为例，作为宝剑乃至兵器的代表。

传说巨阙剑初成时，越王勾践坐于露坛上，忽见宫中有一马车失控，横冲直奔，惊吓了宫中饲养的白鹿。勾践拔出欧冶子刚铸成的巨阙剑，指向暴走中的马车，欲命勇士上前制止。但在这拔剑一指时，手中的剑气却将马车砍为两截。

随后，勾践又命人取来一口大铜锅，用此剑一刺，便毫不费力地刺出一个大缺口来，就如切米糕般轻易。巨阙也因此而得名。

传说当年在造巨阙剑时剩下了一块锻造所用的神铁，于是欧冶子用这块神铁，打造了一把匕首"龙鳞"。这把匕首，后来受用于朝廷之中，因太过锋利而被用于古时最残酷的死刑"凌迟"。

据《越绝书》记载，欧冶子后来奉越王命为楚王铸剑。他遍访闽越，在龙泉秦溪山下开炉铸剑，最后铸成"龙渊""工布""泰阿"3把剑。它们削铁如

《越绝书》是记载古代吴越地方史的杂史，又名《越绝记》。书内所记载的内容以春秋末年至战国初期吴越争霸的历史事实为主干，上溯夏禹，下迄两汉，旁及诸侯列国，对这一历史时期吴越地区的政治、经济、军事、天文、地理、历法、语言等多有所涉及，被誉为"地方志鼻祖"。

珍贵的文物

■ 欧冶子铸剑池

■ 欧冶子铸剑亭

泥，风吹发断，能屈能伸，精美绝伦。敬献给楚王后，楚王大喜，于是封欧冶子为将军。

《越绝书·宝剑篇》中记载，当时的宝剑鉴赏大家薛烛曾这样评论越王勾践的"纯钧"剑：

手振拂，扬其华，淬如芙蓉始出。观其钣，灿如列星之行；观其光，浑浑如水之溢于塘；观其断，岩岩如琐石；观其才，焕焕如释……虽复倾城量金，珠玉竭河，犹不能得此一物。

《越绝书·外传记宝剑》中记载："越王允常，即勾践之父命欧冶子铸剑。"欧冶子遍寻闽、浙一带名山大川，最后来到有"天下第一剑山"之称的湛卢山。当他见到湛卢山清幽树茂，薪炭易得，矿藏丰富，山泉清冽，适宜淬剑，就结舍于此铸剑。

欧冶子三年辛苦，终于铸就了锋芒盖世的湛卢之剑。那时世上五大名剑是：湛卢、巨阙、胜邪、鱼肠、纯钧，名列第一的是湛卢。此剑可让头发及锋而断，铁近刃如泥，举世无可匹者。

后代诗人题诗写道：

　　　　斗间瞻气有双龙，人间何处问欧冶？
　　　　欧冶一去几春秋，湛卢之剑亦悠悠。

湛卢山也因此被称为"天下第一剑山"。

《东周列国志》中记载，湛卢宝剑铸成，越王视之为国宝。越国被吴国攻灭，吴王阖闾获此剑。但有一天此剑忽然不见了，而某日在楚昭王的枕边突然发现这把寒光闪闪的宝剑。

相剑者入宫解谜说："此乃吴中剑师欧冶子'湛卢'宝剑，吴王

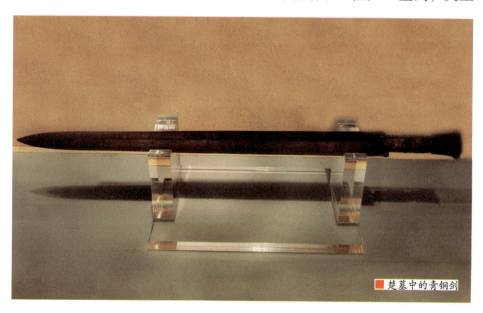

楚墓中的青铜剑

傳發于雁門關。

■ 薛仁贵（614—683），字仁贵，我国唐朝名将，著名军事家、政治家，道教传其为白虎星君下凡。随唐太宗李世民创造了"良策息干戈""三箭定天山""神勇收辽东"等诸方面在军事、政治上的赫赫功勋。薛仁贵的故事广为民间流传，如元代戏剧《薛仁贵衣锦还乡》，清代通俗小说《薛仁贵征东》等。

无道，杀王僚自立，又坑杀万人以殉其女，吴人悲怨，岂能得此剑？此剑所在之国，其国祚必绵远昌炽。"

楚昭王大悦："此乃天降瑞兆也！"

可见，湛卢宝剑已成为预示国家兴亡的神物了。

唐朝诗圣杜甫有诗咏道："朝士兼戎服，君王按湛卢。"历代诗文提及湛卢的很多。

湛卢剑几经辗转流传，据说唐时为薛仁贵获得，后传到南宋抗金名将岳飞手中，岳飞父子遇害后，湛卢剑就不知下落了。

阅读链接

在我国春秋战国时期，由于步兵的兴起，剑成为了战场上决胜的利器之一。在冷兵器时代，谁拥有一把威力无比的名剑，就是国力的一种象征。

江陵发现的越王勾践剑与薛烛对"纯钧剑"的描述十分吻合。其坚韧锋利，足以证明《战国策·赵策》对吴、越之剑"肉试则断牛马，金试则截盘匜"的描述并非虚言；其做工之精美绝伦，也足以证明欧冶子的铸剑技艺巧夺天工、旷绝千古。

高句丽墓葬壁画

高句丽是西汉至隋唐时期东北地区出现的一个具有重要影响的边疆少数民族。公元前37年，夫余人朱蒙在玄菟郡高句丽县辖区内建立政权。

高句丽鼎盛时期其势力范围包括今吉林省东南部、辽河以东和朝鲜半岛北部等地。

在我国吉林省集安市周围的平原上，分布了1万多座高句丽时代的古墓，这就是闻名海内外的"洞沟古墓群"。高句丽墓葬神秘而独特，为我们留下了丰富的精品遗物。

高句丽王朝的千秋兴衰

　　据《三国史记》和《三国遗事》记载，公元前37年左右，夫余王子朱蒙因与其他王子不和，逃离夫余国来到高句丽。

　　其实，"高句丽"早在公元前2世纪就作为一个地理名词出现在

■ 高句丽古城的辑文门

■ 高句丽古墓

《汉书》中。专家普遍认为，高句丽建于公元前37年或公元前1世纪中期。

据推测，高句丽人在其政权建立的初期可能是由濊貊人和部分迁徙至这一地区的夫余人组成的。

"濊貊人"这一词语最初并非指一个确定的民族实体，而仅仅是中原古代史家对出现在东北这一特定地区的一些古代部族的泛指。

高句丽与夫余长期处于军事对抗中。为了扼制处于成长期而十分具有侵略性的高句丽政权，中原王进与夫余在军事上常常协同打击高句丽，相关记录在《三国志》《汉书》中时有出现。

高句丽太祖王时期，高句丽从早期的几个濊貊部落国家很快扩张到汉江流域。

公元53年，高句丽太祖王将高句丽分散的5个部

靺鞨 我国古代民族名，自古生息繁衍在东北地区，是满族的先祖。先世可追溯至商周时的肃慎和战国时的"挹娄"。北魏称"勿吉"，唐时写作靺鞨。靺鞨初有数十部，后逐渐发展为七大部。以粟末靺鞨和黑水靺鞨最强大。靺鞨各部发展水平不一，大多以角弓、楛矢射猎为生，凿土穴而居。

珍贵的文物

■ 高句丽王陵墓

曹魏 即三国时期的魏国，因由曹操之子曹丕建立，多称曹魏，是三国之中最强大的一国。东汉末年天下扰乱，群雄逐鹿，曹操在军阀混战中，势力逐渐增强，并且控制了东汉朝廷，为曹魏的建立奠定了基础。公元220年，曹操逝于洛阳后，曹操之子曹丕逼汉献帝退位，篡夺了汉室政权，在洛阳称帝，至此，曹魏始建。

落设为5个省，实行集权化统治。

公元56年，太祖王吞并东沃沮。后又吞并东濊一部分领土。随后，高句丽又对乐浪郡、玄菟郡和辽东发动攻势，摆脱汉朝的控制。

高句丽的扩张与集权化，导致了与汉朝的直接武力冲突。汉朝的军事压力迫使高句丽迁都到丸都城。

汉朝灭亡后，辽东郡被好战的地方土豪控制。高句丽接受曹魏政权的册封，并主动与刚刚成立的曹魏联盟攻打辽东郡。

曹魏攻下辽东后，高句丽终止了与曹魏的合作并发兵袭击了辽东西部。244年曹魏反击，摧毁了丸都城。高句丽东川王逃到沃沮。

曹魏摧毁了丸都城后，以为高句丽灭亡了，所以很快就撤离了。不过仅仅70年，高句丽就重建了丸都城，并开始袭击辽东、乐浪和玄菟。

313年，高句丽美川王吞并原汉朝四郡的最后一郡乐浪郡，从东北地区进入并控制了朝鲜半岛北部的大部地区，开始与百济、新罗处于激烈的军事对抗之中。

高句丽的扩张并不是一帆风顺的。342年，丸都城受到前燕攻击。371年，百济近肖古王袭击高句丽。后来，高句丽小兽林王继位后，开始加强高句丽国内的稳定和统一，出台新的法律。

372年，高句丽从中原引入佛教为国教，并依照中原制度建立国家教育机构——太学，同时对高句丽军队进行了改革。

589年，隋灭南陈统一中国后，开始要求周边少数民族地方政权为其臣属，并得到了其中大多数的认可，只有高句丽对此阳奉阴违。

598年，高句丽先发制人攻辽西，引发第一次高句丽与隋的战争。当隋文帝准备兴全中原之兵问罪时，高句丽王匆忙上表谢罪，自称"辽东粪土臣元"，于是得到赦免。

但是，高句丽仍旧四处联合反隋势力，当隋炀帝在突厥可汗处发现高句丽的使臣后，开始认识到高句丽是中原潜在的边患，隋与高句丽的战争爆发。

■高句丽古墓群

612年，隋朝的百万大军从陆路和海上同时攻打高句丽，但由于隋炀帝的失误，使渡过辽河进攻的30万大军几乎全军覆没。

613年和614年，隋朝再次攻打高句丽，但因杨玄感起义反隋炀帝和高句丽诈降交还叛逃的隋将斛斯政，使得隋对高句丽的这两次战役被迫中止。

615年，隋炀帝又打算攻打高句丽。但由于隋朝内乱加剧，攻打高句丽的计划被取消。隋对高句丽的战争使隋朝国力锐减，并引发了隋末农民大起义。

618年，隋朝灭亡。隋与高句丽的战争也削弱了高句丽的国力。

唐太宗贞观后期，四夷威服，大唐空前强盛，征服高句丽逐渐提上日程。

653年，新罗遣使来到唐朝，述说百济攻占了新罗40多座城池，并与高句丽图谋断绝其与唐朝的通路。

唐太宗派人出使高句丽，命令其停止争战，遭高句丽权臣莫离支泉盖苏文拒绝，遂决定发兵东征高句丽。

654年11月，唐太宗李世民诏命刑部尚书张亮为平壤道行军大总管，太子詹事、左卫率李绩为辽东道行军大总管，率水陆大军分道进击高句丽。

■ 高句丽古墓

■ 高句丽王陵墓

655年2月，唐太宗率六军从洛阳出发，御驾亲征。张亮率水军渡海袭占卑沙城；李绩军攻克辽东重镇辽东城，斩俘2万多人。

当年6月，唐军进至安市城，即现在辽宁海城东南营城子。高句丽北部耨萨高延寿、高惠真率15万大军前来救援，被唐太宗军击败，残兵全部归降，高句丽举国震恐。

7月，唐军开始围攻安市城，由于守军殊死抵抗，使唐军至9月还没有攻克。当时已经到了深秋，草枯水冻，兵马难以久留，唐太宗被迫于9月18日班师还朝。此次征伐没有达到征占高句丽的预期目的。

这次唐太宗征讨高句丽，攻占辽东等10座城，获7万多户，斩杀高句丽兵4万多人，唐军阵亡几千人，战马损失了百分之七八十。

唐太宗回朝后，群臣建议对高句丽派偏师进袭骚扰，使其国人疲于应付，耽误农时，几年后即可使高

唐太宗（599—649），即李世民，唐朝第二位皇帝，不仅是著名的政治家、军事家，还是一位书法家和诗人。为大唐统一立下汗马功劳，开创了著名的贞观之治。在此期间，唐朝在李世民的带领下，依次取得了对东突厥、吐蕃、高句丽等地用兵的胜利。这些胜利奠定了唐朝300年的基业。

珍贵的文物

■ 高句丽王陵墓的
墓石

李绩 原名徐世
绩，字懋功。唐
高祖李渊赐其姓
李，后避唐太宗
李世民讳改名
为李绩，唐初名
将，曾破东突
厥、高句丽，与
李靖并称。后被
封为英国公，为
凌烟阁二十四功
臣之一。李绩一
生历事唐高祖、
唐太宗、唐高宗
三朝，出将入
相，深得朝廷信
任和重用，被朝
廷倚为长城。

句丽因粮荒而土崩瓦解，唐太宗采纳了这一建议。之后，唐军采取了对高句丽发动骚扰性攻击的策略。

647年，唐太宗命牛进达和李绩率军从水陆两路进扰高句丽，拔石城。高句丽王派遣其子高任武入唐谢罪。

648年，唐太宗派右武卫大将军薛万彻率3万名大军乘楼船渡海，进入鸭绿水，在泊灼城，即现在辽宁丹东东北，大败高句丽军。

655年，因高句丽与百济、靺鞨联兵入侵新罗，新罗王金春秋遣使向唐求救，唐高宗命营州都督程名振和左卫中郎将苏定方率兵击高句丽。

658年，程名振攻克高句丽赤烽镇。

659年，唐右领军中郎将薛仁贵在横山，即现在辽宁省辽阳附近华表山，大败高句丽军。

660年，唐朝灭了百济，高句丽失去了盟国，陷入孤立境地。第二年，唐高宗下令对高句丽发动大规模进攻，水陆分道并进，屡战屡胜，军队一直进攻至平壤。

当时遇到大雪天寒，唐高宗不得不于662年2月命唐军自高句丽班师。退军时，左骁卫将军、沃沮道总管庞孝泰在蛇水战死。这是高句丽灭亡前的最后一次胜绩。

由于高句丽的首领渊盖苏文在世期间一直没有采取明智的外交策略，导致唐朝与新罗联合欲灭高句丽而后快。渊盖苏文在世时虽然尚能以高压政策控制高句丽政局，但其内部已经危机四伏。

666年，高句丽内乱，渊盖苏文死后，他的世子泉男生代为莫离支，莫离支相当于唐的兵部尚书兼中书令，权力很大，专政国事。但泉男生为二弟男建所逼，归降于唐。唐高宗派契苾何力、庞同善等出兵高句丽，援救泉男生。

不久，唐高宗以李绩为辽东道行军大总管，统帅诸军，分道合击高句丽。以后一年多时间，各战场捷报频传。

李绩攻取高丽军事重镇新城，即现在辽宁抚顺北高尔山城，并趁势将附近的16座城池全部攻下。

与此同时，薛仁贵在金山击破高句丽大军，斩首5万余人，攻下南苏、木底、苍岩等三城，与泉男生军会师。

丸都山城龟甲墓

李绩等攻占夫余城，斩俘万余人，夫余川中40余城也望风归降，再战薛贺水斩俘3万余人，乘胜攻占大行城，即现在辽宁省丹东西南娘娘城。

668年春夏，各路唐军会师推进到了鸭绿江。高句丽发兵抵抗，唐军奋勇出击，大败高句丽军，唐军追击高丽军200多千米，攻拔辱夷城，即现在朝鲜永柔境，其他各城守军有的逃了，有的归降了唐朝。

唐军一直攻至平壤城下，高句丽王高藏派泉男生率首领98人出来投降。泉男建仍然闭门拒守，并多次遣兵出战，都失败了。

当年9月12日，高句丽僧信诚打开城门，唐军冲进城中，高句丽灭亡。

唐朝平定高句丽后，分其境为9个都督府、42个州、100个县，并于平壤设安东都护府，任命右威卫大将军薛仁贵为检校安东都护，领兵2万名镇守该地。

高句丽第二十七代国王宝藏王高藏被唐朝俘虏，根据司马光《资

九都山城古墓

治通鉴》的记载，高句丽贵族及大部分富户与几十万百姓被迁入中原各地，融入我国各民族中，另有部分留在辽东，成为渤海国的臣民，其余小部分融入突厥及新罗。自此，高句丽政权不再存在于中原。

阅读链接

668年，高句丽灭亡后，大批高句丽遗民展开了反对唐和新罗联盟的复兴高句丽运动。其中较为著名的有原高句丽将军剑牟岑、乞乞仲象和大祚荣等。

唐朝曾多次试图在高句丽故地建立督府控制这个地区，但都失败了。

唐朝为管理原高句丽故地而设置的安东都护府，最初是由薛仁贵来管理的，但由于吐蕃在西线的压力，唐朝开始羁縻治理高句丽故地，任命高句丽宝藏王高藏为辽东州都督、朝鲜王。后来宝藏王因暗中支持高句丽遗民起义被流放。宝藏王的儿子高德武接管了安东都督府。

王陵的千载不朽遗风

珍贵的文物

　　高句丽政权在吉林省集安的时间，即以国内城和丸都山城为王都的时间，前后长达425年，其间有19位高句丽王传续。如此多的王存在，自然也就有了许多王陵的存在。

■ 高句丽王陵的积石墓

■ 丸都山城封土墓
墓碑

经过研究考证，在集安的洞沟古墓群中，至少应
该有18座高句丽王陵。

在我国吉林省集安数以万计的高句丽遗迹中，古
墓葬数量最多。仅集安洞沟古墓群，就有7000余座，
其墓群范围之广、种类之多、数目之大、内涵之丰
富，堪称我国北方少数民族古墓群之冠。

高句丽墓葬可分为积石墓和封土墓两大类。其
中，积石墓出现的年代较早，它是高句丽民族传统的
丧葬方式，具有浓郁的民族特色。

在当时，无论高句丽王公显贵还是平民百姓死后
的墓葬都用石块垒砌，死者多葬在墓葬的中上部。只
是死者的身份不同，墓葬在规模、形制有所差别。

高句丽积石墓的形制大致经历了积石石护墓、方

集安 位于吉林省
南部边陲，历史
悠久，文化底蕴
厚重。至少在公
元前三四千年以
前，集安浑江、
鸭绿江流域就已
经闪烁着人类文
明的光辉。远在
唐、虞、夏、商
之时，即已人烟
早布；"禹平北
土，置九州"，此
地属齐州；舜分
齐为营，此地转
营州属。故集安
地域建制较早。

坛积石石矿墓、阶坛积石石护墓、阶坛积石石室墓的演变过程，其时间上限为高句丽政权建立前后，下限应在4世纪中叶至5世纪初。

在集安地区内，现已确认的高句丽王陵均属积石类墓葬，而且是同时期墓葬中最大、最典型、地理位置最优越的。

除积石墓之外，还有一种墓葬就是封土墓。大约在4世纪末，高句丽人开始吸纳周边文化，特别是我国中原文化的因素。就是在这种背景下，高句丽墓葬的形制由积石墓转变为封土墓。

高句丽封土墓的形制经历了有坛封土石室墓、封土石室墓、洞室墓3个不同的演变阶段，时间为4世纪末至高句丽灭亡前后。

这些墓葬以高句丽的国内城为中心，沿鸭绿江右岸分布，形成了一个蔚为壮观的墓葬群。

高句丽王陵是历代高句丽墓葬的典型代表，是同时期规模最大、埋葬设施最完备的墓葬，它集高句丽物质文化与精神信仰之大成，具有许多鲜明的特点。

古代人对礼制有很多讲究，高句丽人也不例外。当时高句丽人对瓦的使用有严格的规定，只有佛寺、神庙、王宫、富府可以用瓦。

珍贵的文物

■ 瓦当 俗称瓦头，是我国古代建筑的构件，是屋檐最前端的一片瓦，也叫滴水檐。瓦面上带着有花纹垂挂圆形的挡片。瓦当的图案设计优美，字体行云流水，极富变化，有云头纹、几何形纹、饕餮纹、文字纹、动物纹等，为精致的艺术品。起着保护木制飞檐和美化屋面轮廓的作用。不同历史时期的瓦当，有着不同的特点。

从这一规定人们也能够看出，瓦和瓦当成为古代高句丽王朝的等级与身份的象征。高句丽王陵的墓上有瓦，就意味着墓上有建筑物。所以，用瓦是高句丽王陵的重要标志。

通过对已经发现的高句丽王陵考察发现，高句丽早期王陵保存较浓厚的原始血缘传统族葬的表现形式，首先是陪葬墓。

随着王权意识的深化和埋葬制度的演进，祭台的出现和规格化成为高句丽王陵的明显特征。这一特征在高句丽的王陵中，清楚地反映出来。

在中原文化中，非常重视王陵选址，后来高句丽王陵选址可能也是受到了当时汉、北魏帝陵葬制的影响，开始把墓地选择在较高的地方。

高句丽早期王陵均在山麓最高处或陡崖处，后渐向平地的高阜处转移。

葬地居高这种形式，使其固有的民族传统与中原的王权意识、风水观念逐渐结合。

中原文化 是指以我国中原为基础的物质文化和精神文化的总称，最早可追溯至公元前约6000年至公元前约3000年的我国新石器时期。中原文化以河南省为核心，以黄河中下游地区为腹地，逐层向外辐射，影响延及海外。中原是中华文明的摇篮，中原文化是中华文化的重要源头和核心组成部分。

辉煌古墓

高句丽墓葬壁画

■ 高句丽的王室墓

珍贵的文物

陵寝 是我国古代皇帝死后安葬的地方，其名号一般是根据去世皇帝生前的功过和世系而命名。开国皇帝之陵一般称为"长陵"，其后诸帝则应依其事迹和世系来命名，诸如康陵、定陵、显节陵等。也有以所在地命名的，如霸陵、首阳陵等。为皇帝建陵后，还要设置守陵奉祀之官以及禁卫和陵户。

高句丽早期王陵聚群埋葬的传统较浓厚。但约在2世纪以后，随着墓葬向谷地转移，高句丽王陵墓周围相对开阔。墓制也发生变化，开始独立为陵，而且均有墓域。

此外，高句丽王陵的墓葬还愈渐高耸，墓域更加宏大。往往一座王陵，就占据了一个高地。王陵的这一变化，充分体现了王者之威。

陵寝设施的出现约在2世纪，人们一般认为，陵寝设施的出现是高句丽国力强大、效仿中原丧葬礼制的结果。

高句丽王陵中的陵寝设施包括陵墙、陵寝建筑等，种类齐全，设施完备。

高句丽王陵中除了王陵必有的建筑构件、陵寝设施以外，有些王陵还发现了代表当时最高生产力水平和王族专用的遗物。

■ 高句丽王陵一角

高句丽墓葬壁画

　　能够代表王族的王陵遗物有错金刀、鎏金冠、龙凤图案的饰件、龙形刻石、"王"字纹瓦等。

　　并非所有的高句丽王陵都具备这些特征，因为在高句丽陵墓的演进中，有些特征是从无到有、从雏形向完善逐渐变化的。

阅读链接

　　高句丽政权始于公元前37年，止于公元668年，曾是我国东北地区影响较大的少数民族政权之一，在东北亚历史发展过程中发生过重要作用。

　　高句丽政权发轫于今辽宁省桓仁县，公元3年迁都至国内城（今吉林集安），427年再迁都至平壤。桓仁与集安是高句丽政权早中期的政治、文化、经济中心。

　　在2004年举行的第二十八届世界遗产委员会苏州会议上，高句丽王城、王陵及贵族墓葬被列入世界遗产名录。高句丽文化遗产是中华民族祖先创造的、不可再生的重要文化资源。

贵族墓葬的珍贵壁画

在吉林省集安市高句丽王城外，群山环抱的洞沟平原上，现存近7000座高句丽时代的贵族墓葬，堪称东北亚地区的古墓群之冠。

许多高句丽的贵族墓室里绘有线条飘逸流畅、内容丰富并具有传奇神话色彩的精美壁画，距今已经1000多年了，仍然色彩鲜艳。

据考证，高句丽壁画墓的建造年代大约在4世纪至7世纪之间，持

■ 高句丽的贵族墓

■ 高句丽陵墓内部

高句丽墓葬壁画

续了300多年，横跨了整个东晋南北朝时期。而这一时期的中原绘画实物资料保存至今的很少，因此，数量大、艺术性高的高句丽古墓壁画显得弥足珍贵。

著名的高句丽贵族壁画墓有角骶墓、舞俑墓、三宝墓、四神墓、五盔坟等。

角骶墓属于洞沟古墓群禹山墓区，位于吉林省集安城东北3000米禹山南麓的坡地上，因墓中绘有两人角骶壁画故名"角骶墓"。

角骶墓是一座封土石室壁画墓，截尖方锥形封丘。封土直径15米，高4米。整个墓葬由墓道、甬道、左右耳室和墓室构成。墓道长1.2米，宽1.1米，高2.1米，上部两室相连为长方形覆斗顶，宽0.3米。近墓室处和连接墓道处均有白灰抹成的门框的痕迹。

墓室为单室穹隆顶，藻井是平行叠涩砌3层以后又抹角叠涩砌筑了4层，然后加上石板封盖，平面呈

角骶 我国古代摔跤运动。清入关前即已盛行。皇宫内时常有摔跤表演和比赛，并专设"善扑"营对摔跤进行训练。在民间，这种体育竞技活动也广为流行。比赛时，双方只穿褡裢和短靴。预备时，两脚叉开站稳，两臂交叉顺肩至腰间，相互抱住。比赛开始后，可用摔、绊、背等招式，以把对方摔倒在地为胜。

方形，四壁内收。底边长3.2米，高3.4米。

室内壁下有一残破的石板，似为破碎的棺床。墓葬耳室、甬道、墓室遍抹白灰上绘壁画，虽历经沧桑，显得斑驳，仍不失为高句丽颇具特色的壁画墓葬之一。

墓室四角绘赭色一斗三升斗拱，上面承接赭色梁枋，梁相横贯四壁，上有卷云纹组成的三角形脊尖，将墓室分为四壁和藻井两部分。

墓室的东壁所绘《角抵图》最富有特色，人物神情惟妙惟肖，谐趣横生。画面中两位力士正在大树下奋力角抵，双方将头各置于对方肩上，手抓对方腰胯。势均力敌，难解难分。

壁画上的力士都仅穿一条短裤。赤裸着上半身，系着头巾。左边的力士高高的鼻梁，眼窝深陷，短短的胡须向上翘起，似为西域胡人。右边的力士蓄着汉式短胡须。

力士的右侧有一位白发长胡须的老者，腰上系着一条巾结，挂着拐杖，可惜面部已经剥蚀，是观赏者还是裁判就无从得知了。

画面左侧绘有廊柱四阿式房屋，屋外有一人。据分析可能是一个庖厨。

北壁正对甬道，梁枕下画有与北壁等长的帷幔。帷幔的上方有一道窄梁，大概是象征屋宇，檐上有等距的3个尖状屋脊。

屋内绘有《家居宴饮图》，画面中墓主双手叠压在一起，叉腿坐在木几之上。与墓主相对的右侧，有两位女子次第跪坐在毡毯上面。都是双手合抱于胸前，低头面向墓主，猜测应该是墓主的妻妾。

在墓主左右的案桌上放置着弓箭、食具，而妻妾面前的案几上摆放着食物。墓主左侧绘有一坐者，画面已剥落，无法推知这个人的情况。

北壁最下方原绘有花草等图案，现在已经模糊不清。屋内外各绘有一个比例很小的仆人，拱手垂立。

墓室的西壁上绘有《备乘图》，图中两棵大树占据画面的大部分空间，树下有一列整装待发的队伍。队伍的前面是两匹鞍马，每匹鞍马都有驾驭者。其后有侍从和一辆牛车，均面北朝向墓主。

壁画 是指绘在建筑物的墙壁或天花板上的图案。它是人类历史上最古老的绘画形式之一。如原始社会人类在洞壁上刻画各种图形，以记事表情，这便是流传最早的壁画。作为建筑物的附属部分，它的装饰和美化功能使它成为环境艺术的一个重要方面。我国自周代以来，历代宫室乃至墓室都饰以壁画。

■ 九都山城古墓

珍贵的文物

■ 贵族墓

耳室 我国古代建筑名称。耳室一般位于正屋两侧，恰如两耳在人脸的两侧，因而得名。耳室一般作为仓库使用。宋代以前墓穴之砖室，两旁砖壁中有小室，也称耳室。也就是主墓室旁边的小屋子，搁在墓室中它主要起一个仓库的作用。通常在主墓的左右两边，一共有两个。

墓室的南壁被甬道分为两部分。甬道四周用赭色粗线条影作门框。南壁左右两部分各绘有一棵枝繁叶茂的大树。

墓室的东西两耳室内角绘有木柱，上承横梁，至两室通贯内以粗枝树木、赭色树叶绘成，顶部仍以花蔓曲绕其间。

角觚墓壁画以社会风俗为主题，表现了墓主人生前享乐的场面，尤以角觚图神情毕肖、谐趣横生，为高句丽壁画仅见。根据比较研究，其建造年代在4世纪左右。

舞俑墓位于集安城东北3000米，因墓中绘有群舞画面而得名。该墓为封土石室壁画墓，截尖方锥形封丘，封土边长17米，高4米。

墓葬用石材砌筑墓道、甬道、耳室及墓室，外培黄褐色黏土成丘，墓室、甬道、耳室均用白灰涂抹，上绘彩色壁画。这些壁画题材独特，是高句丽贵族生活的写照。

群舞画面上优美的舞姿给人以清新的感受，舞者如觉其动，歌者如闻其声，是高句丽保存下来的珍贵舞蹈资料。

马槽墓是一座封土石室双室壁画墓，外呈截尖方锥形，周长90米，高4.6米。墓内分南北两室，各自有墓门和甬道。两墓室均用石块砌筑，墓室四壁、耳室及甬道上均有壁画。

南墓室后壁通壁绘一屋宇，屋宇内夫妻对坐，周围是奴仆、侍女等人物。

屋宇上方绘红黑相间的7朵正视莲花。左右两壁绘礼辇图，前壁室门两侧绘舞乐图及守门犬。甬道右侧耳室后壁与左壁绘马厩图，上拴红、黄、青马3匹，十分神骏。

甬道左侧耳室后壁绘作画图，甬道两壁绘狩猎图。北墓室主壁绘夫妻对坐图，右壁绘狩猎图，左壁绘武士斩俘图，为高句丽壁画中所仅见。

环纹墓为截尖方锥形封土石室墓，封土残高3米，周长80米。

此墓墓室平面略呈正方形，墓室与墓道底部均用石材铺成，四壁

■ 高句丽马槽形陵墓

四神 也叫作四象、四灵。我国春秋战国时期，由于五行学说盛行，所以四象也被配色成为青龙、白虎、朱雀、玄武。两汉时期，四象演化成为道教所信奉的神灵，故而四象也随即被称为四灵。四神在我国古代中另一个主要表现就在于军事上，在战国时期，行军布阵就有"前朱雀后玄武，左青龙右白虎"的说法。

均用白灰涂抹，上绘壁画。墓道两侧各绘怪兽图。北壁怪兽身饰虎纹，背上羽毛飞扬；南壁怪兽身饰条纹、环纹。

壁画布局严谨、工整、对称，色彩鲜艳、技法娴熟，颇具特色。

墓室四壁绘画，梁枋、绘柱、斗拱俱全，并绘彩色环纹20余个，整个墓室宛如一座彩绘的屋宇。墓室顶部残留有青龙、白虎图画形迹，为四神图像。

冉牟墓位于集安城东北太王乡下解放村。墓主冉牟为高句丽贵族，其先祖曾官至"大兄"。

冉牟墓为截尖方锥形封土石室墓，周长70米，封土高4米。墓内有前后两室，中有甬道相通。前室平面呈横长方形，后室平面呈方形，靠左右壁各置一石棺床。

墓道、甬道及两墓室四壁均用整齐的石材砌成，遍涂白灰。两墓室构造各异，前室为覆斗式，后室为抹角叠涩两层，然后封石盖顶。

■ 高句丽冉牟墓

墓道、甬道、墓室内白灰壁画保存尚好，前室四壁与顶部交界处由长石条构成梁枋。

■ 洞沟古墓群的贵族墓

左壁梁枋下有一条长1.8米、宽0.06米、深0.02米的石槽，槽中、梁枋上相对有3个钉孔，似悬挂壁帐之用。

最为珍贵的是此室正壁梁枋上的牟头娄墨书题记。正文79行，每行10字，纵横间以界格，另有题两行。全文800多字，可辨识者350余字，题字为隶书，有汉简书法风格，工整流畅。

这篇墨书题记是仅次于好太王碑的长篇文字资料，对于研究高句丽的历史具有十分重要的价值。

洞沟12号墓位于高山南麓平缓的坡地上，也称"马槽墓"，墓室中因画有《马厩图》而得名。它是一个高句丽早期壁画墓。北侧为另一座高句丽壁画墓，即散莲花墓；南侧与集锡公路相接，距五盔坟约460米。

在所属墓区上，洞沟12号墓隶属于洞沟古墓群禹

隶书 也称汉隶、隶字、古书。是我国汉字中常见的一种庄重的字体，书写效果略微宽扁，横画长而直画短，呈长方形，讲究"蚕头雁尾、一波三折"。隶书起源于秦朝，由程邈形理而成，在东汉时期达到顶峰。是在篆书基础上，为适应书写便捷的需要产生的字体。

珍贵的文物

山墓区。洞沟12号墓是一座封土石室双室墓，即同一个封丘中有两座墓室。墓室外观呈截尖方锥形。周长90余米，高46米。

墓域一周排列着略加修筑的大石块，后来保存下来的有9块，石块长2米，宽、高各1米。墓门向西。墓葬南、北两座墓室平行并立，各有独立的墓门和甬道。

南侧墓室面积稍大，墓顶为穹隆顶。南道南北两侧各有一个耳室。北侧墓室面积较小，墓顶为四阿式，南道北壁有一个耳室。

两座墓室均由大小不等的石块砌筑，上面涂抹白灰。与其他早期壁画墓不同的是，白灰上似曾涂有一层胶状物，以求光洁耐久。

墓室四壁、耳室及甬道的壁上，均绘有壁画。以朱、黄、白、黑等色彩为主。可惜随着岁月的流逝，大部分壁画已脱落或模糊不清，但从残存部分还可以辨认出夫妻对坐、战斗、射猎、舞乐、厩舍、礼辇、作画等图像。

南墓室后壁整幅绘成一座屋宇，青瓦覆盖屋宇。屋内绘有夫妻两人。男主人坐在左侧长方形矮榻上面，女主人拱手跪坐在右侧，周围绘有奴仆、侍女等。

左右两壁壁画大部分脱落。

右壁中部还可以看出一幅《车辇图》。一名童子手扶车辕向东行走，车前有3名侍者；左壁左端绘有一名男侍，手挽车辕向前行走，车后有侍女跟随。

墓门右侧上部绘有一姿态优美的舞蹈者，以及一跪坐抚琴的伴奏者；下部绘一只蹲伏的守门犬，昂首竖耳。藻井第一重顶石绘菱形云纹图案，其余各层均绘有仰视莲花图案。

甬道右侧耳室后壁与左壁绘有《马厩图》，这是该墓室中较为著名的一幅壁画。画中的马厩内，横放着黄色的马槽，上面拴着红色、黄色、青色3匹马，昂首并立。在该墓室左壁上还绘有一件青色的马鞍具。右壁壁画已脱落。

墓室甬道左侧耳室的后壁，绘有《作画图》，画中一位面目清癯、体态修长的老者，他右手持笔伸向前方，做绘画姿势。

北墓室主壁绘有《夫妻对坐图》，图中夫妻周围有男女仆人侍立。

北墓室左壁后段绘《斩俘图》。画中有一名武士身披鱼鳞甲，身后有一匹黄马，身前跪着一名披着铠甲的俘虏。此时，武士左手伸向

■ 高句丽古墓

俘虏，右手举刀，正要斩杀俘虏。

北墓室右壁绘《狩猎图》，画中一人身穿鳞甲，骑着红色的马；另一人身穿白色的铠甲，骑着白色的马。两人张弓搭箭，逐鹿山林。

从墓葬结构和壁画内容看，洞沟12号墓的墓主应是高句丽的贵族，壁画中的台榭楼阁、厩满马肥、歌舞宴乐、奴婢成群，应是墓主生前生活的写照。

同样，根据壁画的内容也可推测，洞沟12号墓的建造年代大约为5世纪。

长川墓分为1号墓和2号墓。1号墓是一座封土石室壁画墓。它坐落在集安市区东北黄柏乡长川东村北山坡上。

这座墓由墓道、前室、甬道、后室组成。用工整的花岗岩石条砌筑，白灰抹平。1号墓以丰富多彩的壁画著称。

1号墓前室、后室、四壁藻井、甬道两壁石门正面以及棺床表面，均彩绘壁画。大部分壁画形象清晰、色泽艳丽、内容新颖。

前室四壁上方以赭色单线画界格与顶部藻井隔开，甬道口用赭色的宽带影做门框。四壁下均涂赭色。

西壁为墓道中穿，南北两侧壁各绘一力士，但多剥落。东壁为甬道中穿，南北两侧各绘一双手置腹恭身侍立的守门人，略侧身向甬道。南壁画面多脱落，仅存中部和靠两端部分。

长川1号壁画墓是一座重要的高句丽贵族墓葬，这座墓葬壁画摄取了100多个人物形象，展现了高句丽社会生活风貌和浓重的佛教气息。

墓中的礼佛图是高句丽古墓壁画中所仅见的，为研究佛教在高句丽流传提供了难得的资料。壁画虽经历1500多年的风雨剥蚀，依然完好，色彩鲜明。

长川2号墓位于集安城东黄柏乡长川墓群东部二级台地上，为封土石室壁画墓，呈截尖锥形，周长143米，残高6米。

长川2号墓由墓道、南北耳室、甬道、墓室5部分组成。该墓早年被盗，石棺床上的木棺被焚，四壁及藻井上的壁画大部分被熏黑。

基底铺石材，上置南北排列的两棺床，表面涂抹白灰，床上均置有木棺，棺上有鎏金梅花饰件，南棺床上有大面积的炭块和铁钉及零碎的人头骨等。南北耳室上都绘有王字图案。墓内共有遗物60余件，有铁器、鎏金器和陶器等。

2号墓是长川墓群中形体最大的一座。宏伟的墓室、精致的石棺、绚丽的壁画以及大量鎏金饰品的出土，说明墓主人身份很高，很可能

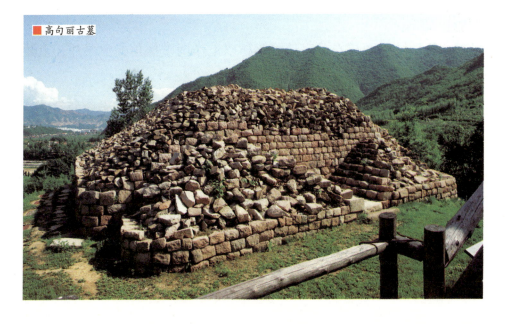

■高句丽古墓

古墓旁石块

是当时王族中颇有权势的显赫人物。此墓年代约在5世纪末。

五盔坟4号墓属于高句丽晚期壁画墓的典型墓葬，位于禹山贵族墓地景区内，在吉林集安洞沟盆地的中部。

这个墓名的由来，和墓群的造型、编号有关。在洞沟古墓群禹山墓区内有5座巨大的封土墓，东西向排列在一条直线上，看上去像5个巨大的头盔。当地人称之为"五盔坟"。4号墓，即由西向东的第四座墓葬。

五盔坟4号墓属于封土石室壁画墓，覆斗形封丘。周长160米，高8米，由墓道、甬道、墓室构成。

五盔坟4号墓的墓室是平地起筑，以修琢工整的巨大花岗岩石材砌筑而成，用白灰勾缝。平面呈长方形，东西长42米，南北宽3.68米，高3.64米。

墓的四壁为两层石条砌筑，梁枋以上作两重抹角叠涩藻井，上覆盖顶石。

墓室内南北平行放置3座石棺床。南壁西端有一东西走向的石座，可能是放置随葬品的台座。墓室底部用平整的石板铺垫。

五盔坟4号墓中，墓室四壁绘四神，以网状莲花火焰锦连续图案为衬地，在网纹衬地里绘有人物图像，或坐或立于莲台上，姿态各异。

墓室的东壁绘有《青龙图》。图中龙首高昂，龙口张开，吐出红舌。龙身一波三折，前肢平伸张爪，后肢用力蹬开，装饰白羽，向南飞腾而去。

珍贵的文物

整个龙的眉宇、眼睛、犄角都描绘得淋漓尽致。龙身为黄、绿、红褐色，龙颈为红、黄、粉色，以黑色斜方格勾勒鳞纹。

墓室的南壁绘有《朱雀图》。画面中的神鸟通体为红色，足踏莲台，展翅修尾，引颈长鸣。

墓室的西壁绘有《白虎图》。画中之虎与东壁青龙相对称，也向南作飞扑的姿势。虎身为白色，以墨线勾勒出皮纹，细长的腰身，尾巴向上翘起。

整体看来，图中的这只老虎虎头高昂，虎目圆睁，虎口大开，露出白色的獠牙，显得异常威猛。

墓室的北壁绘有《玄武图》。画面中一条大蛇缠绕在一只龟身上，两首相对，两尾相交，似争斗、似嬉戏。蛇身为5种颜色，与青龙相同。图中的龟，其背为红褐色，无甲纹。

墓室中所绘制的这四神，还是有缘由的。在古代

二十八星宿 是古人为观测日月、五星运行而划分的28个星区，用来说明日月、五星运行所到的位置。常应用于我国古代天文、宗教及星占、风水吉凶等术数中。二十八宿从角宿开始，自西向东排列：东方称青龙、南方称朱雀、西方称白虎、北方称玄武，即四神。

061

辉煌古墓

高句丽墓葬壁画

■ 古墓的巨石

珍贵的文物

伎乐 是指在露天演出的音乐舞蹈剧，即我国的乐舞，由于隋初设置国伎、清商伎、高丽伎、天竺伎、安国伎、龟兹伎、文康伎七部乐而得名，传入日本后或称伎乐舞。相传612年，在吴国学习乐舞的百济人味摩之归化了日本以后，开始在日本传授伎乐，最后更把这种舞蹈定为佛教祭仪。

四神，也称四灵，即朱雀、玄武、青龙、白虎，是远古先民对天上二十八星宿所构成的4组图像的称谓。

在过去，古人以为四神是上天向正四方派出的神灵。因此有南朱雀、北玄武、东苍龙、西白虎之说。墓室中东南西北各壁上的壁画，正是与这种说法相对应。

四壁以上为梁枋，梁枋上共绘有8条龙，每面两条相缠。在整个墓室壁画中，共有龙30多条。

龙是身份地位的象征，普通百姓的墓室中是不可能绘有龙的，据此推断，五盔坟4号墓的墓主至少是高句丽的贵族。

墓室四角绘有相同的托梁怪兽。图中是兽面人身，头上长角。左腿屈曲右腿后蹬，双臂奋力上举，托起两条盘曲的龙。

墓室藻井部分也有壁画，这里的壁画内容以神仙、羽人、伎乐仙人为主。

第一重抹角石相交处各角的壁画最为典型。

东角两抹角石绘的是《神农氏燧人氏图》。这幅画面反映人类结束了茹毛饮血的时代，开始从事农业生产。图中左侧神农氏牛首人身，传说神农氏是农业的始祖。图中的神农氏手持禾穗，教人以五谷。

■ 高句丽陵墓内壁画

图中右侧的是燧人氏，传说他是钻木取火的发明者，被尊为三皇之首，奉为"人祖"。图中的燧人氏手持火把，教人用火。

南角两抹角石所绘的故事《奚仲父子图》。奚仲为传说中马车的创制者。画面中一人在树下冶铁，一人在造车轮，表现了古代手工业生产的状况。

■ 高句丽陵墓内伏羲女娲壁画

西角两抹角石绘一乘龙仙人，头戴平天冠，身着袍服，似为传说中的黄帝。后面有一人乘飞廉，手持旗幡为仪仗。据分析，这幅图的画面反映了远古国家政权产生的历史。

北角两抹角石所绘的是《伏羲女娲图》，形象均为人的上半身、龙的下半身。

图中的右侧伏羲为男子形象，双手高举一个绘有三足乌的圆盘，象征太阳。在我国古代传说中，伏羲是东方的天帝，是华青氏踩了雷泽中雷神的足印而生出的儿子。

图中的左侧女娲为女子形象，面色白皙，长发披肩。手举一个绘有蟾蜍的圆盘，象征月亮。女娲是创世女神，她用黄色的泥土创造了人类。

据说，伏羲和女娲结成夫妇以后，分别成了"人祖爷"和"人祖奶"。因此，后人认为这幅《伏羲女

飞廉 也称蜚廉，是我国神话中的神兽，文献称飞廉是鸟身鹿头或者鸟头鹿身，秦人的先祖之一为飞廉。在我国古代神话书籍《古史蒇记》中称：飞廉帮助上古时代九黎族部落首长蚩尤一方参加华夏九黎之战。曾联合雨师屏翳击败冰神应龙。后被女魃击败，于涿鹿之战中被擒杀。

■高句丽陵墓内壁画

娲图》，寓意着人类的诞生。

除了上面的壁画外，在第一重抹角石四面正中处，各绘有一条龙。背部高高弓起，似在顶托上方的石条。

龙头低首回顾，龙口张开，而且口中有洞，可能原镶嵌有夜明珠一类的珠宝。

在第二重抹角石上，绘有日月星辰和伎乐仙人。伎乐仙人弹奏的乐器有琴、腰鼓、长笛等，这和当时高句丽乐器种类的繁多有一定的关系。据说当年高句丽的乐器十分丰富，壁画墓中描绘的乐器就多达21种，包括玄琴、筝、长笛、鼓等。

墓室的盖顶石为一整块菱形石板，上面绘有一条五彩蟠龙，张口吐舌，昂首盘旋。

禹山3319号墓的墓室是用砖砌筑的。这种砖室墓在洞沟古墓群中只发现两座，另一座是麻线墓区682号墓。

同时，禹山3319号墓中发现一组釉陶器。这些陶器都是实用器具，有鸡首壶、熏炉、耳杯、虎子。这些都是当时晋朝的流行器具，在高句丽墓葬中不多见，应是从中原传入的。

从墓室形制、墓室构造及遗物多来自中原等情况分析，禹山3319号墓的墓主来自中原，可能是晋代投奔高句丽的东夷刺史校尉崔毖。

禹山3319号墓是一座阶坛积石砖室墓。平面呈方形，边长21米。

现可见三级阶坛，墓上及周围有大量板瓦、筒瓦和少量瓦当，或许墓上原有建筑。

禹山3319号墓中有带"丁巳"年号的文字瓦当，"丁巳"年当为公元357年，这就确定了墓主的身份。

在墓葬南面的左右两侧，各立有一巨大的石块。左侧石块表面较平整，上面刻有一个人物形象。石刻所用的石材为灰绿色沉积岩。

画面长1.04米，宽0.54米，单刀阴刻。所刻人像脸作桃形，双目上斜，鼻梁笔直，鼻翼肥厚，小口，耳弓形。

人像的颈部以下只用简单弧线象征肩臂，并收缩为狭窄的身躯，半裸身，胸前以两个带圆心的圈表示乳头。颈部至胸部，有一周19个以两乳头中间为凿刻的圆点，又以此为中心，横、竖分别有两列呈十字形的圆点。

这个时刻人像是唯一的高句丽人像石刻。据推测，这处石刻所表现的内容应与祭祀或崇拜相关。

四神墓位于集安城东禹山南麓，因墓内绘有四神像而得名，也称"四神冢"。

■高句丽古墓遗址

此墓为截尖方锥形封土石室墓，分墓道、甬道、墓室3个部分。墓道在墓室南壁的中央，北接甬道进入墓室，甬道北端用巨石影挡住墓门。

墓室呈正方形，均用修琢工细的巨形青绿色页岩构筑。四壁稍向内倾，其上为抹角叠涩藻井。墓内共有7层石块砌筑，于第四层开始抹角叠涩两层，再加大石板封顶。

墓室内有棺床两组，居中棺床由两块长方石条合筑，东壁棺床稍小。

北壁下有放置随葬品的石座两个，西壁偏南部也有石座一个。墓内壁画以朱、黄、赭、紫、石黄、石青、胡粉等鲜艳的矿物颜色，直接绘于四壁的岩石之上，五彩缤纷，颇为绚丽。

集安古墓壁画内容丰富多彩，早期和中期的壁画拙朴、雅气，充满灵性，十分贴近现实生活，流露出一种天真和幽默，好似一部形象的历史长卷，真实生动地再现了高句丽民族的乡土乡情和社会风貌。

阅读链接

高句丽壁画墓葬是这样发现的：

1889年，京师拓工李云来集安捶拓好太王碑时，发现有的古墓中"壁上现龙凤，彩色如新"。李云的这一发现和记录，被认为应该是有关高句丽壁画的最早记录。

随着高句丽遗迹逐渐被世人所认知，及考古工作的深入，进入21世纪，人们共发现高句丽壁画墓108座。在我国境内有37座，其中辽宁省桓仁县境内两座、吉林省集安市境内35座，朝鲜境内有71座。

高句丽壁画墓分布比较集中，大部分以高句丽的3座都城址，即辽宁省桓仁县五女山城、吉林省集安市国内城、朝鲜平壤城为中心，散布在其左右。也因为这个原因，城址附近是否有壁画墓存在，成为判定高句丽王城的一条标准。

贺兰山西夏王陵

　　西夏王陵位于宁夏回族自治区银川市西的贺兰山东麓，是西夏王朝的皇家陵寝。

　　在方圆53平方千米的陵区内，分布着9座帝陵，253座陪葬墓，是我国现存规模最大、地面遗迹保存最为完整的帝王陵园之一，也是我国最大的西夏文化遗址，被誉为"神秘的奇迹""东方金字塔"。

全国重点文物保护单位

西夏陵

中华人民共和国国务院公布
宁夏回族自治区人民政府立

西夏国两百年的兴衰

在800多年前，我国西北大地上有一个与北宋、大辽鼎立的少数民族党项族建立的王国，那就是"大夏"封建王朝，西夏语为"大白高国"。因其位于同一时期的宋、辽两国的西部地区，历史上称之为"西夏"。

西夏王陵遗址复原图

它雄踞塞上，立朝189年，先后传位10代君主。

■ 西夏王陵的古塔和石碑

西夏国的疆域据记载"东尽黄河，西界玉门，南接萧关，北控大漠，地方万余里"，最鼎盛时期面积约83万平方千米，包括今宁夏、甘肃大部、内蒙古西部、陕西北部、青海东部、新疆东部及蒙古国南部的广大地区。

党项族原来居住在四川松潘高原，唐朝时迁居陕北。因平定叛乱有功，被唐朝皇帝封为夏州节度使，先后臣服于唐朝、五代诸朝和宋朝。

但在985年，党项族首领、夏州节度使李继迁会同族弟李继冲诱杀了宋朝将军曹光实，并占据了银州，攻破会州，于是和宋朝闹翻了。随后，李继迁又向辽国"请降"，被契丹人封为夏国王。

996年，李继迁截夺宋军粮草40万，又出大军包围灵武城。宋太宗大怒，派五路军击夏，皆被杀败。宋太宗驾崩以后，宋真宗即位，为了息事宁人，割让

节度使 我国唐代开始设立的地方军政长官。因受职之时，朝廷赐以旌节而得名。节度一词出现甚早，意为节制调度。唐代节度使渊源于魏晋以来的持节都督。北周及隋改称总管。唐代称都督。节度使集军、民、财三政于一身，又常以一人兼统两至三镇，多者达四镇，威权甚重。

珍贵的文物

■ 李元昊（1003—1048），西夏开国皇帝，党项族人，北魏鲜卑族拓跋氏之后，李姓为唐所赐。李继迁孙，李德明长子，生母卫慕氏。少年时身形魁梧，而且勤奋好学，手不释卷，尤好法律和兵书。通汉、蕃语言，精绘画，多才多艺。其父在位时，已经不断对外出战，扩大势力。1038年自立为帝，脱离宋朝，国号"大夏"，亦称西夏。

了夏州、绥州、银州、宥州、静州几个地方给李继迁，事实上承认了西夏的独立地位。

1032年，西夏的李德明之子李元昊继夏国公位，开始积极准备脱离宋朝。他首先弃李姓，自称嵬名氏。第二年以避父讳为名改宋明道年号为显道。开始了西夏自己的年号。

在此后几年内，李元昊派人建造宫殿，立文武班，规定官民服饰，定兵制，立军名，创造自己的民族文字。

1032年3月，李元昊还向其统治境内的党项人发布秃发令，即推行党项传统发式，禁止汉人风俗结发。李元昊首先带头剃光头顶，然后强令党项人秃发，限期3天，有不执行命令者，格杀勿论。

同时，李元昊还派大军攻取吐蕃的瓜州、沙州、肃州战略要地。这样，元昊已拥有夏、银、绥、宥、静、灵、会、胜、甘、凉、瓜、沙、肃十数州之地，即宁夏全部、甘肃大部、陕西北部、青海东部以及内蒙古部分地区。

1038年李元昊称帝，建国号大夏，与北宋的关系正式破裂了。

此后数年，元昊相继发动了三川口之战、好水川之战、麟府丰之战、定川寨之战四大战役，歼灭宋军西北精锐数万人。

1044年，元昊在河曲之战中击败携10万精锐御驾亲征的辽兴宗，完全奠定了宋、辽、夏三分天下的格局。

西夏国前期与北宋、辽平分秋色，中后期与南宋、金鼎足而立，被人形容是"三分天下居其一，雄据西北两百年"。

13世纪，成吉思汗结束了蒙古草原上长期分裂的局面，蒙古迅速兴起并日渐强大，开始对外扩张和掳掠，首当其冲的便是西夏。

22年间，蒙古先后六次伐夏，其中成吉思汗四次亲征。威震四方的成吉思汗虽战无不胜，却遭西夏人拼死抵抗、陷入苦战之局，蒙古军队付出了极其惨重的代价，成吉思汗降旨"每饮则言，殄灭无遗，以死之、以灭之"。

■ 出土的西夏红陶五角花冠迦陵频伽

■ 西夏陵

成吉思汗（1162—1227），孛儿只斤·铁木真，蒙古帝国奠基者，尊号"成吉思汗"。世界史上杰出的政治家、军事家。最大功绩就是统一蒙古草原，为蒙古民族的生存与进一步发展做出了卓越的贡献。1206年春天建国称帝，此后多次发动对外征服战争，征服地域西达中亚、东欧的黑海海滨。元朝建立后追尊成吉思汗庙号为太祖。

1209年，蒙古降服高昌回鹘，河西地区也暴露在蒙古威胁之下。蒙古第三次征夏即自河西入侵，出黑水城，围攻斡罗孩关口。

夏襄宗派其子李承祯率军抵抗，结果打败了，夏将高逸被俘而死。蒙军又攻陷西壁讹答守备的斡罗孩城，直逼中兴府的最后防线克夷门。

夏将嵬名令公率军伏击蒙军，最后仍被蒙军击溃。中兴府被蒙军围困，夏襄宗派使者向金朝皇帝完颜永济求救，但是金帝拒绝，还以邻国遭攻打为乐而坐视不救。最后夏襄宗纳女请和，贡献大量物资，并且依附蒙古而攻伐金国。

1216年，因为西夏不肯帮助成吉思汗西征，次年成吉思汗率军第四次进攻西夏。夏神宗以太子李德旺守中兴府，自己逃至西京灵州。最后李德旺派使向蒙古和谈才结束了战争。

1223年，夏神宗不愿做亡国之君，便让位给太子李德旺，即夏献宗。夏献宗决定采取联金抗蒙的策略，趁成吉思汗西征时派使联合漠北诸部落抗蒙，以便巩固西夏北疆。

总管汉地的蒙将孛鲁察觉到了西夏的意图，于1224年率军从东面攻入西夏，攻陷银州，夏将塔海被俘。

1225年，成吉思汗得胜返国，同时率军攻打沙州。最后夏献宗同意蒙军条件投降，蒙古撤军。

1227年，成吉思汗以夏献宗没有履约为由，兵分东西向西夏夹攻，包围夏都兴庆府达半年，经过一番血雨腥风，蒙古大军集中兵力攻下了西夏都城兴庆府，夏朝末代皇帝李睍投降。

至此，经历了189年的西夏王朝灭亡，党项族也从此消失。只有贺兰山下一座座高大的土筑陵台，即西夏陵，仍然默默矗立在风雨之中，展示着神秘王朝的昔日辉煌。

西夏王朝留给后人的，成了一个又一个谜。无法查找典籍资料，元人主修了《宋史》《辽史》和《金史》，在三史中各立了《夏国传》或《党项传》，却没有为西夏编修专史。

但是，人们从那些废弃的建筑、精品遗物和残缺的经卷中，寻找着这个古老王朝的踪迹……

阅读链接

西夏的历史根源可以一直追踪至唐初。党项是羌族的一支，隋书上载"党项羌者，三苗之后也"。唐朝时，生活在青藏高原的党项羌和吐谷浑经常联合起来对抗强大的吐蕃。

唐开元年间，居于青海东南和甘肃南部的党项羌非常恐惧四处劫杀的吐蕃军队，向唐玄宗求救，被迁至庆州，即今甘肃省庆阳。

安史之乱起后，郭子仪怕这些异族闹事，建议唐代宗将当时在庆州的拓跋朝光部迁至银州以北和夏州以东地区，相当于今内蒙古鄂尔多斯东南。

这一地区即是南北朝时匈奴人赫连勃勃的"大夏"旧地，当时称为平夏，所以这部分党项羌就成为平夏部，即日后西夏皇族的先人。

西夏各王陵的清晰身份

　　西夏各王陵营建年代约自11世纪初至13世纪初，是我国最大的西夏文化遗址，也是宁夏最重要的一处历史遗产和最具神秘色彩的文化景观。

　　1227年，蒙古灭掉西夏王朝，战火殃及了西夏的陵区，地面建筑全部被毁，陵墓大部被破坏。然而，西夏王陵外形虽毁，但骨架尚

存，宏伟的规模，严谨的布局，残留的陵丘，仍可显示出西夏王朝特有的时代气息和风貌。

西夏陵区坐落在宁夏贺兰山东麓，在50余平方千米的范围，一座座黄色的陵台，高大得像一座座小山丘，在贺兰山下连绵展开，在阳光照映下，金光灿烂，十分壮观。

我国明代诗人曾写诗称赞道：

贺兰山下古冢稠，高下有如浮水沤。
道逢古老向我告，云是昔年王与侯。

西夏王陵内9座帝陵分别为裕陵、嘉陵、泰陵、安陵、献陵、显陵、寿陵、庄陵、康陵，坐北面南，按昭穆葬制排列，形成东西两行。

昭穆葬制是古代宗法制度，宗庙次序左为昭，右为穆；父曰昭，子曰穆。

裕陵位于西夏陵区最南端，俗称"双陵"之东

贺兰山 位于我国宁夏回族自治区与内蒙古自治区交界处。山势雄伟，若群马奔腾。贺兰山名称来源于古代的鲜卑贺兰氏人曾居住于此，而鲜卑贺兰氏源于古代部落贺兰部。贺兰氏在北魏孝文帝实行汉化改革之后，融入汉族。贺兰山有16个岩画分布点，上千幅岩画作品，岩画构图奇特，形象怪诞。

■ 西夏王陵全景

珍贵的文物

■ 西夏王陵之裕陵

吐蕃 7世纪至9世纪时我国古代藏族建立的政权，是一个位于青藏高原的古代王国，由松赞干布到达磨延续200多年，是西藏历史上创立的第一个政权。

浮图 原为对佛和佛教徒的称呼；也有和尚或僧人的意思，又有将佛教建筑概称为浮图，后渐转为专指高塔而言。西晋初年，洛阳一带造立寺塔者不少，达官显贵多有舍宅为寺者。

侧。陵主李继迁，庙号太祖，墓号裕陵，系西夏开国皇帝李元昊的祖父，党项族平夏部落首领，西夏王朝奠基者。

自982年起，李继迁抗宋自立，逐渐强大。1002年，李继迁攻陷灵州，改称西平府，定为都城。第二年，攻西凉府，遭吐蕃大首领潘罗支的袭击，中流矢重伤，次年死亡。子德明继位，尊为光孝皇帝。其孙子元昊建国后追谥神威，庙号太祖，墓号裕陵。

嘉陵位于裕陵之西北部。陵主李德明，李继迁之长子，系西夏皇帝李元昊之父。李德明1004年嗣位。1010年被辽封为夏国王，遂建宫阙于鳌子山，即今陕西省延川县。

1020年，李德明迁都怀远镇，即今宁夏回族自治区银川，改称兴州。次年，辽封其为大夏国王。

1032年，宋封李德明为夏王。

李德明与宋、辽和好，集中力量开拓河西，战胜回鹘，取得甘州、瓜州、凉州，奠定了西夏版图。子元昊追谥光圣皇帝，庙号太宗，墓号嘉陵。

泰陵俗称"昊王坟"，茔域面积约15万平方米，虽遭破坏，但仍是整个陵区中规模最大的西夏帝王陵墓。陵主李元昊，小字嵬理，后改姓嵬名氏，更名曩霄，自称"兀卒"，意为天子。

李元昊性格刚毅，胸怀大略，晓"浮图佛学，通蕃汉文"。1028年，率兵袭破回鹘夜洛隔可汗，夺取甘州。24岁被立为太子。

1032年，李元昊袭位，去唐、宋朝廷所赐的"李"姓和"赵"姓，自号"嵬名氏"。并正式称

蕃学 我国宋朝时供少数民族贵族和外国商人子弟入学的学校。宋神宗熙宁年间，于熙、河两州置蕃学，招收蕃部首领及蕃官子弟入学。徽宗时在陕西用蕃字地区置蕃字，挑选通蕃语、识文字之人为教授，教授经典和佛经。西夏于是也仿照宋朝设置蕃学。

■ 西夏王陵的裕陵和嘉陵

珍贵的文物

■ 西夏王陵之泰陵

西夏文 又名河西字、番文、唐古特文，是记录西夏党项族语言的文字。属表意体系，汉藏语系的羌语支。元昊命大臣野利仁荣创制，共5000余字，形体方整，笔画繁冗，结构仿汉字，又有其特点。曾在西夏王朝所统辖的广阔地理带中盛行了约两个世纪。元明两朝，仍在一些地区流传了大约3个世纪。

帝，立年号，更衣冠，立官制，制礼仪，建蕃学，置十二监军司，又命大臣野利任荣创制西夏文。

1038年，元昊筑坛受册，即皇帝位，国号大夏，定都兴庆府，也就是后来的银川市，年号天授礼法延祚。

1040年之后，元昊大举攻宋，与宋军分别战于三川口、好水川和定川寨，皆获全胜。1044年与宋议和，并称臣于宋。宋册封其为夏国王。

1048 年，元昊因夺子宁令哥之妻，在没藏讹庞唆使下，被宁令哥刺死。在位17年。谥武烈皇帝，庙号景宗，墓号泰陵。

泰陵是整个西夏陵区中规模最大的一座，历经千年，地面建筑虽遭严重破坏，但陵园的阙台、陵台基本完好，陵城神墙、门阙、角台大部尚好，布局清晰可辨。

安陵位于泰陵西的贺兰山脚下，陵园东、西、北三面环山，面积约10万平方米，坐北朝南。陵台八面五级，高15米。

安陵布局与泰陵相同，由阙台、碑亭、月城、献殿、陵台、墓道等部分组成，遗存碑亭一座。

安陵墓主凉祚为元昊妃没藏氏之子。1048年国相没藏式兄没藏讹庞唆使元昊长子、皇太子宁令哥杀死其父，复诛宁令哥，立凉祚为帝。周岁即帝位，改元延嗣宁国。

凉祚继位，没藏氏立为太后，因帝年幼，母与舅没藏讹庞执政6年。其间与北宋、契丹时战时和。凉祚生性好佛，1050年役使兵民数万建承天寺。实行亲宋政策，仿宋朝官制，增设职官，起用汉人，调整州军，与宋互市。

1068年12月凉祚病卒，在位20年。谥昭英皇帝，庙号毅宗，墓号安陵。

献陵位于泰陵北，面积约10万平方米，破坏严重。陵城为方形，边长183米，陵台夯土已被后人取作他用。

该陵有碑亭3座，西边一座，东边南北两座，南小北大。西碑亭出土西夏文残碑63通，东碑亭出土汉文残碑26通。

夯土 是我国古代建筑的一种材料。我国古代建筑材料多以木为主，土为辅，石、砖、瓦为配。在古代，用作建筑的土大致可分为两种：自然状态的土称为"生土"，而经过加固处理的土被称为"夯土"，其密度较生土大。古代的城墙、台基往往都是夯土筑成的。有时，它也用于王陵的城墙墙基。

■ 西夏王陵的献殿遗址

太学　我国古代的大学。太学之名始于西周。汉代始设于京师。汉武帝时，董仲舒上"天人三策"，提出"愿陛下兴太学，置明师，以养天下之士"的建议。公元前124年在长安设太学。太学之中由博士任教授，初设五经博士专门讲授儒家经典《诗》《书》《礼》《易》《春秋》，传之后世。

献陵墓主李秉常为毅宗凉祚之长子。1068年，被宋朝皇帝册封为夏国主。

1075年，李秉常15岁时，始亲国政，实行联辽政策。1086年7月，李秉常忧愤而卒，在位20年。谥康靖皇帝，庙号惠宗，墓号献陵。

显陵位于献陵西，陵园紧依贺兰山脚，西北两面环山。独特之处有马蹄形外城，南面开口，东西墙前端至月城终止，陵园的阙台、碑亭、月城、献殿、陵台、墓道等布局与其他皇帝陵园相同。

显陵墓主李乾顺为惠宗李秉常之长子。1086年即位，年仅3岁。国政由其母梁太后和其舅梁乙浦操纵。1087年被宋朝册封为夏国主，1088年被辽册封为夏国王。

1099年，李乾顺亲理国政，实行结辽抗宋抗金。

■西夏王陵之显殿

后来金以土地相诱又背辽附金。推行"尚文重法"的治国方针，加强了军事力量，扩展了领土。在位54年。谥圣文皇帝，庙号崇宗，墓号显陵。

显陵为多室土洞式，由墓道、甬道、中室、东侧室、西侧室组成。墓道全长49米，墓道甬道两壁有武士像壁画。墓室内出土有甲片、铜泡饰、铜铃、瓷片、铁钉、珍珠。发掘前此墓多次被盗，遗物不多。

■ 西夏陵寿殿遗址

寿陵位于献陵北。陵园面积8万平方米。陵园已被破坏，仅剩阙台、碑亭、月城、陵城部分神墙、陵台。

寿陵墓主李仁孝为崇宗李乾顺长子，16岁即帝位，改元大庆。李仁孝统治时期，放粮赈饥，减免租税，同时大力发展教育事业。

1144年，李仁孝令州县各立学校，并立大汉太学，亲释典。1146年尊孔子为文宣帝，令州郡悉立庙祀。发展科举制度，购买儒家典籍，组织人力翻译出版西夏文儒家经典著作，于翰林学士院内设有翰林学士、翰林待制和翰林直学士。封西夏文字创制者野利任荣为广惠王。

李仁孝在位的天盛年间，修成法律《天盛改旧新定律令》，这是我国第一部以少数民族文字制定、颁布的法律。

同时，李仁孝大兴文治，整饬吏治，进一步完善了中央和地方的统治机构，加强了封建统治，使夏国

儒家 又称儒学、儒家学说，或称为儒教，是我国古代最有影响的学派。作为华夏固有价值系统的一种表现的儒家，并非通常意义上的学术或学派，它是中华法系的法理基础，是我国的基本文化信仰。儒家最初指的是冠婚丧祭时的司仪，自春秋起指由孔子创立的后来逐步发展以仁为核心的思想体系。

"典章文物，灿然成一代宏规"。

1193年，李仁孝卒。谥圣德皇帝，庙号仁宗，墓号寿陵。

庄陵位于寿陵西北，紧靠山脚。庄陵墓主李纯祐为仁宗李仁孝长子。1193年即位，时年17岁。1194年初金册封为夏国王。

李纯祐是西夏历史上"能循旧章"的"善守"之君，竭力奉行对内安国养民，对外附金和宋的方针。但此时蒙古突起于漠北，严重威胁西夏国的安全。西夏国内上层之间矛盾重重。

1206年，李纯祐的侄子李安全在纯祐母罗太后的支持下，自立为帝，在位14年。李纯祐被废，不久暴卒，谥昭简皇帝，庙号桓宗，墓号庄陵。

康陵位于寿陵东北。地上建筑除陵台外其余建筑无存，陵台已坍塌过半。墓主李安全为仁宗李仁孝弟越王李仁友之子，崇宗乾顺之孙。

1205年，李安全与桓宗母罗氏合谋废桓宗自立，改元应天。6月，罗氏为子请封册于金，金册封为夏国王。

当时，蒙古多次用兵西夏，并破克夷门，进围中兴府。李安全亲自登城激励将士守御。蒙古兵引黄河水灌城，城中居民淹死的极多。

无奈之下，李安全遣使乞援于金，金拒绝出兵。李安全只得向蒙

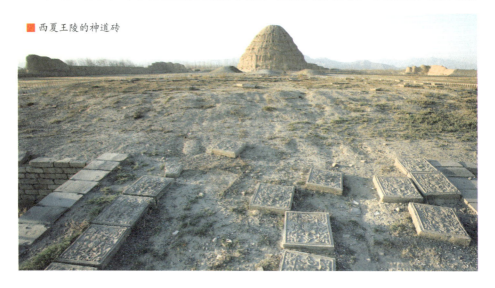
■ 西夏王陵的神道砖

古纳女请和，夏金关系趋于破裂。

1211年夏齐王李遵顼废李安全自立。同年8月李安全死，谥敬慕皇帝，庙号襄宗，墓号康陵。

在西夏陵墓区中，除了9座王陵之外，还有254座陪葬墓。北端有一处三进院落建筑遗址，为陵邑或宗庙。东部边缘有砖瓦窑、石灰窑遗址，为陵区窑坊。

阅读链接

1971年冬，宁夏博物馆的钟侃听陕西考古所的刘最长称他曾见到贺兰山下有一片墓冢，估计是唐墓。当时中国人民解放军空军某部正在墓群的北部施工，调查者在陵区最北面一座陵前面的一条战壕的虚土里，发现了很多刻有汉文和西夏文的残碑块。

根据碑块上的西夏文字他们立即断定这片墓群应为西夏时期的墓群，并推测出土残碑的地点可能是陵园的碑亭遗址。

1972年，宁夏博物馆就西夏陵的调查结果向国家文物局作了汇报，国家文物局对此非常重视，明确指示今后要继续做好对陵区文物遗址的考证和保护工作。

事实上，李元昊称帝建国后，曾经追封其祖父和父亲为帝，所以西夏有12位名义上的皇帝。除了末代皇帝没有陵墓之外，西夏王陵区当有11座帝陵，但目前仅发现9座。

西夏王陵的珍贵遗存

　　西夏王陵规模宏伟，布局严整，平面总体布局呈纵向长方形，按照我国传统的以南北中线为轴，力求左右对称的格式排列。

　　西夏王陵区同北京明代十三陵的规模相当，陵园地面建筑均有角楼，每座帝陵由阙台、神墙、碑亭、角楼、月城、内城、献殿、陵台

西夏王陵内城

■ 西夏王陵阙台

等部分组成。

西夏王陵高大的阙台犹如威严的门卫，耸立于陵园最南端。于中轴线两侧对称排列，东西相距20米，由黄土筑成。

阙台呈正方形，边长8米，高7米，上部内收，顶部有一个小的台基，台基上散布着残破的砖瓦，推测为原有建筑。阙台是帝陵区别于陪葬墓的特征之一。

碑亭位于中轴线两侧，东西对称，阙台北34米，东西两碑亭相距80米。

东碑亭台基呈圆角方形，四壁呈三级台阶式。台基地边长21.5米，顶边长15.5米，高2.35米。四壁台阶以绳纹砖包砌，石灰勾缝，局部砖尚存。

碑亭发现有3个人像碑座，原应为4座，但其中一个被毁坏后不知到哪里去了。

碑亭曾停放着用西夏文、汉文刻制的歌颂帝王功绩的石碑。还有西夏文残碑360通，残片文字最多的仅5字；还有瓷、铜、铁碎片及泥塑残块等。

绳纹 我国古代陶器的装饰纹样之一。一种比较原始的纹饰，有粗绳纹和细绳纹两种，有纵、横、斜并有分段、错乱，交叉，平行等多种形式。在陶坯制好后，待半干时，用缠有绳子的陶拍在陶坯上拍印，便留下绳纹，再入窑焙烧。是我国古代陶器最常见的纹饰。

珍贵的文物

■ 西夏王陵月城

碑亭后是月城，南墙居中为门阙，经门阙入月城，这里曾置放有文官、武将的石刻雕像。

月城呈东西长方形，东西距120米，南北距52米，墙基宽约2米，高0.7米，占地约6700平方米，北与陵城南墙相贴。

月城因如月牙露出，故名月城。月城南墙正中有门，石道两侧有石象生基址。

月城之北是陵城，陵城南神墙居中有门阙，经门阙入陵城，陵城四面城墙环绕，呈南北长方形，南北相距180米，东西相距160米。

城墙墙基宽3米，用黄土分段夯筑，各段基如须弥座状，故又称须弥座式神墙。

陵城四周城墙正中辟门为门阙，门址宽约12米，每个门阙由3个圆锥形夯土基座组成，从地面散布的瓦片、脊饰残件推测，曾建有门楼。

城墙四角各有角台，角台有砖瓦残存。在南神门内约25米偏西处，有一用黄土垫实的台基，直径20米，高0.7米，其上建筑无存，周围地面残存大量青砖灰瓦及琉璃构件，此为献殿。

陵台偏处陵城西北，为矗立约20米的一个八角形塔状棱锥形夯土台，用黄土密实夯筑而成，上下各分为5级、7级、9级不等，夯土台有椽洞，外部用砖包砌并附有出檐，为砖木瓦结构。

陵台周围地面散有大量瓦片、瓦当、滴水等建筑物残块。献殿与陵台之间有一条南北走向形似鱼脊的用砂石填成的墓道封土。墓道长50米，北端为一盗坑，直径20米，深约5米。

陵台是陵园中的主体建筑。在我国古代传统陵园建筑中陵台一般为土冢，起封土作用，位墓室之上。但西夏陵台建在墓室北10米处，不具有封土作用，其形状呈八边形7级、5级、9级塔式，底层略高，往上

滴水 在我国建筑物中，在窗台或者阳台下，为防止雨水等室外水直接沿阳台、窗台流下而侵蚀墙体，在阳台、窗台下边缘设置的内凹型构件，叫作滴水。滴水属于建筑物的细部构造，却也是建筑施工中经常被忽略的地方。它具有结构细小、构造简单、做法精细等特点。

■ 西夏王陵遗迹

瓮城 是为了加强城堡或关隘的防守，而在城门外修建的半圆形或方形的护门小城，其形状或圆或方。圆者似瓮，故称瓮城；方者亦称方城。属于我国古代城市城墙的一部分。瓮城两侧与城墙连在一起建立，设有箭楼、门闸、雉堞等防御设施。在西夏王陵中，也有这类瓮城。

层层收分，是塔式陵台，为夯土实心砖木混合密檐式结构，而且偏离中轴线矗立，这在我国建筑史上无前例，是党项族的创造。

塔式陵台前有献殿，用于供奉献物及祭奠。

帝陵墓室在墓道北端，位居陵台南10米处，分为主室和左右两个耳室，土洞式结构。

墓室四壁立护墙板，墓内有朽棺木，为土葬。陵城神墙四面居中有门阙，神墙四角有角台，表明了陵园的兆域地界。

有的帝陵还圈有外城，有封闭式、马蹄形式和附有瓮城的外城。其基本格局在仿照宋陵的基础上有所创新。

另外，西夏王陵墓道的入口设置在献殿内部，这也是帝王陵寝中绝无仅有的。

西夏王陵墓道入口

西夏王陵发现精品遗物共671件，专著、论文、

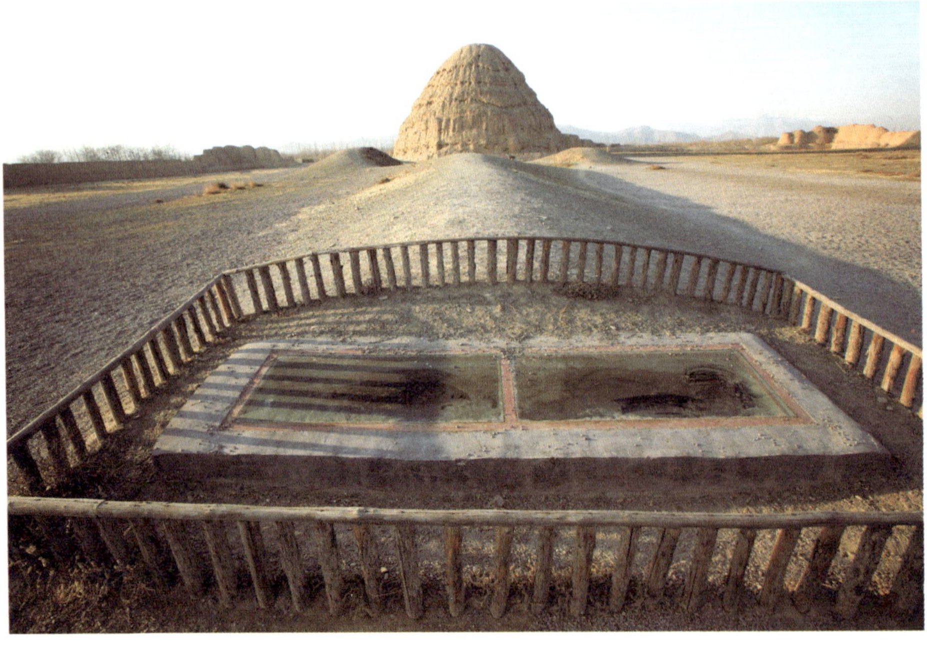

杂志文章413册、篇。有雕龙石柱、石马、琉璃鸱吻、西夏碑文、石雕人像座、佛经、佛画、西夏瓷器、官印等；特别是重达188千克的鎏金铜牛，更是西夏文物中的瑰宝。

陵墓周围各种建筑构件散落的很多，有些较完整的构件尚可辨出形制，月城内墓仪石刻残件上的人物胸前璎珞、莲花帽；动物的利爪、鳞片等文饰雕刻得非常细致精美。

这些遗物中有西夏文字，有反映西夏人游牧生活和市井生活的绘画，有各式各样的雕塑作品，有"开元通宝""淳化通宝""至道通宝""天禧通宝""大观通宝"等各个时期的流通钱币，有工艺精巧的各类铜器、陶棋子等文物。更让人惊讶的是王陵中大量造型独特的石雕和泥塑。

西夏王陵的陵塔位于墓室的正后方，为中原地区陵墓所未见，反映了西夏贵族特殊的葬俗。王陵中的西夏碑础、墓碑、鎏金铜牛和骨灰木盒，都以其真实的资料再现了绚丽多彩的古西夏文化历史。

另外，在陵城东南角阙和东门发现的用于建筑装饰的栩栩如生的"妙音鸟"，佛经上称为迦陵频伽。

■ 鸱吻 又称"螭吻"，是我国传说中龙生九子中的儿子之一，平生好吞，即殿脊的兽头之形。这个装饰现在一直沿用下来，在古建筑中，"五脊六兽"只有官家才能拥有。泥土烧制而成的小兽，被请到皇宫、庙宇和达官贵族的屋顶上，俯视人间，真有点"平步青云"的意味。

■ 西夏陵全貌

珍贵的文物

还有从各地征集的具柄铜镜、西夏陶瓷等。

而更为神秘的是，9座帝王陵组成一个北斗星图案，陪葬墓也都是按星象布局排列！

西夏王陵不仅吸收了秦汉以来，特别是唐宋皇陵之所长，同时又受到佛教建筑的影响，使汉族文化、佛教文化与党项民族文化有机地结合在一起，构成了我国陵园建筑中别具一格的形式。

阅读链接

2000年4月结束的"中国20世纪100项考古大发现"评选活动，西夏王陵的调查与发掘以其具有的重大的科学价值和意义在我国考古学史上具有重要的地位和作用榜上有名。

2011年7月，国家文物局与宁夏回族自治区人民政府签署《合作加强宁夏文化遗产工作框架协议》。在此基础上，国家文物局进一步将西夏陵申报世界文化遗产作为2015年重点扶持项目。

2011年11月，我国政府正式启动西夏陵申报世界文化遗产暨国家考古遗址公园建设项目。